UNIVERSITÀ DI PADOVA
PUBBLICAZIONI DELLA FACOLTÀ DI LETTERE E FILOSOFIA
VOL. L

LUIGI VANOSSI

LA TEOLOGIA POETICA DEL *DETTO D'AMORE* DANTESCO

FIRENZE
LEO S. OLSCHKI EDITORE
MCMLXXIV

PRESENTAZIONE

AL CONSIGLIO
DELLA FACOLTÀ DI LETTERE E FILOSOFIA

Anche chi continui a nutrir dubbi e perplessità circa l'attribuzione a Dante del Detto d'Amore *e del* Fiore, *potrà trovare in queste pagine ingegnose e meditate del Vanossi elementi originali e utili per un dibattito altamente suggestivo, che è stato nei nostri giorni impostato* ex novo *da Gianfranco Contini, non solo in merito all'attribuzione (e alla relativa metodologia), ma soprattutto alle vastissime conseguenze di questa, al significato e alla precisa motivazione e collocazione di queste prove giovanili nell'arco così teso e straordinariamente dinamico ed evolutivo dell'esperienza poetica dantesca.*

Il Vanossi dedicò al Fiore, *e particolarmente ai suoi aspetti linguistici e stilistici, la sua tesi di laurea in Storia della lingua italiana, discussa nella nostra Facoltà di Lettere nella sessione estiva del '65 dopo essere stata lungamente elaborata, prima che fossero noti i nuovi argomenti del Contini. Questo si dice non per rivendicare al Vanossi alcuna priorità, ma per testimoniare che egli, appassionatamente convintosi fin dai primi passi del suo lavoro della paternità dantesca dei due poemetti, continuò a muoversi per la sua strada, non ostante la resistenza del relatore, per una persuasione ragionata e sempre più forte e non per una suggestione reverenziale: il che crediamo possa essere meglio apprezzato dal più autorevole patrono odierno dell'attribuzione a Dante. Mentre il lavoro sul* Fiore *non è ancora uscito dalla diuturna e ormai più che decennale gestazione, il Vanossi offre intanto una interpretazione del* Detto d'Amore, *della sua struttura ideologica (una teodicea dell'amor cortese) e formale (nel dominio della metafora teologica e nello straordinario* tour de force *dell'equivocazione), dei suoi antefatti culturali e dei suoi nessi con le espe-*

rienze giovanili di Dante e con la Vita nuova *da un lato, col* Fiore *dall'altro (dove sono suggestivamente anticipati anche alcuni elementi sul rapporto capitale con la* Commedia, *specie in relazione al tema dell'ipocrisia e della frode, da Falsembiante a Gerione).*

Al Detto, *esperienza liminare di un noviziato teso e diviso fra la didattica* clarté *del magistero brunettiano, le suggestioni dei logogrifi guittoniani e la tematica siciliana dell'amore, si direbbe che abbia nuociuto la collocazione tradizionale come* appendix *del* Fiore *e la sua lettura idealmente posteriore al poemetto maggiore, del quale è un umbrifero prefazio, ma in senso « tragico »; una sorta di « prologo in cielo », il cielo dell'amor cortese e già della lode disinteressata. Dell'unità della mente che ha concepito e realizzato in forme così diverse e per tanti versi antitetiche queste due originalissime filiazioni e scorciature del* Roman de la Rose, *non possono sussistere dubbi. Certo l'opposizione dialettica, cioè la complementarità dinamica delle due esperienze, che sembra proiettare entro un cosmo poetico individuale la tensione storico-culturale che si pone fra le due parti della* Rose *e fra la metà « cortese » e quella « borghese » del secolo, e anticipare all'interno di quel cosmo il contrasto fra le nuove rime laudifiche e le petrose e comiche, par veramente portare acqua, o frumento, al mulino dantesco. Anche il più scettico non può non porsi il quesito: quale dei poeti del tempo della giovinezza di Dante potesse esser capace di operazioni di dialettica poetica altrettanto radicali, nella loro oltranza sperimentale che porta alle estreme conseguenze ogni implicazione o scelta ideologica e formale. Il* Detto *appare quindi una pedina fondamentale nella strategia attributiva e nell'ermeneutica ad essa congiunta; e il tentativo del Vanossi di portare in primo piano questa esperienza, come momento liminare della poesia dantesca, ci sembra degno di attenta considerazione.*

Gianfranco Folena
Vittore Branca
Armando Balduino

Padova, febbraio 1973

I.

IL COSMO DELL'AMORE CORTESE

La conferma della paternità dantesca del *Fiore* e del *Detto d'Amore* rappresenta forse l'avvenimento più importante della filologia italiana di questi anni. Portata su un terreno di considerazioni linguistiche e stilistiche, la questione del *Fiore*, protrattasi con alterne vicende per quasi un secolo, può dirsi avviata a soluzione. Il rigore matematico delle argomentazioni continiane [1] non dovrebbe dare adito a dubbi. Se tuttavia sussistono ancora perplessità negli studiosi e nei lettori del poeta, ciò si dovrà al fatto che quelle indagini non sono state ancora « inverate » in un nuovo quadro critico della giovinezza poetica di Dante. Perché ciò avvenga occorre un lavoro critico e filologico che si può prevedere impegnerà a fondo gli studi danteschi nei prossimi anni. Un primo tentativo viene compiuto in queste pagine, dedicate principalmente al *Detto*.

Dei due poemetti il *Detto* è certo quello che ha suscitato maggiori perplessità negli studiosi, tanto che ancora il Parodi poteva servirsi della comprovata identità del suo autore con quello del *Fiore*,

L'idea di un saggio sul *Detto* risale agli anni del mio soggiorno all'Università di Cornell (Ithaca, N.Y.). Prima di giungere alla sua forma attuale esso è passato attraverso un accidentato *iter* elaborativo. Tra le persone che hanno contribuito al suo realizzarsi mi è grato ricordare in primo luogo il Professor Gianfranco Folena, che questo lavoro ha seguito attraverso le sue varie fasi con il suo incoraggiamento e l'illuminato consiglio. È in seguito ad una conversazione avuta con lui prima della stesura definitiva che ho intravisto possibili sviluppi della mia ricerca di cui non ero ancora consapevole. Ringrazio anche, per i loro generosi suggerimenti, il Professor Pier Vincenzo Mengaldo e l'amico Mario Mancini.

[1] Le indagini del Contini si sono svolte principalmente sul *Fiore* (cfr. *La questione del « Fiore »*, in « Cultura e Scuola », a. IV (1965), nn. 13-14, pp. 768-773; e *Un'interpretazione di Dante*, in « Paragone », n. 188 (ottobre 1965), pp. 3-42; oltre alla voce *Fiore* nell'*Enciclopedia Dantesca*). Al *Detto* lo studioso ha dedicato un breve articolo: *Stilemi siciliani nel « Detto d'Amore »*, in *Atti del Convegno di Studi su Dante e la Magna Curia*, Palermo, 1967, pp. 83-88. L'attribuzione a Dante vi è inferita principalmente per vie indirette, attraverso il *Fiore*, essendo certo che i due componimenti procedono dalla stessa mano.

come argomento decisivo a sfavore della tesi dantesca.[2] Alla base di un giudizio tanto negativo, si scorge l'insofferenza per l'oltranza retorica del poemetto, costruito su di un gioco serrato di equivocazioni, che è parso ai più vana esibizione formale, indegna del poeta. Eppure l'ardente tecnicismo è bene un tratto costitutivo dell'arte dantesca. E, per non parlare del maturo esercizio delle Petrose, proprio tra le prime prove del poeta troviamo le tracce di un noviziato poetico condotto all'insegna dello sperimentalismo guittoniano. Cosí ad esempio, nel sonetto *Non canoscendo, amico, vostro nomo* (*Rime* XLIV), rincarando la dose di artificio del suo interlocutore, l'omonimo maianese, il poeta intesse tutto il componimento su un gioco di rime equivoche e composte, assai simile a quello del *Detto.*

Superati i pregiudizi critici tradizionali, riconosciuta l'importanza che ha in Dante l'esercizio linguistico, noi dovremmo essere in grado di valutare più equamente la giovanile sperimentazione del *Detto.* Opera ancora scolastica, che ci documenta l'appropriazione da parte del giovane poeta di alcune decisive esperienze di poesia (Guittone e i Guittoniani, Brunetto, i Siciliani, il primo Guido), essa presenta già inconfondibili tratti dell'arte dantesca, come se in questi primordi già vi fossero i semi del suo prodigioso svolgimento.

Se ci proviamo a disserrarne la rigorosa compagine, il *Detto* si rivela come una teoresi dell'amore cortese. Non si tratta in alcun modo, come pure si è pensato, di un primo tentativo, di un esperimento troncato per dar luogo al maggiore poema, ma di un'opera in sé conclusa, che richiede di essere considerata nella sua piena autonomia artistica. Dal *Roman de la Rose*, al cui interno si cela un conflitto così imponente come quello tra l'ideologia cortese di Guillaume de Lorris e quella ormai borghese di Jean de Meung, Dante mostra di aver staccato, in tempi presumibilmente successivi, due diversi blocchi poetici. Se nel *Fiore* egli propenderà per lo spregiudicato realismo di Jean, che l'ideale amoroso sottopone alla corrosiva critica della ragione, nel *Detto* egli aderisce alla mitologia cortese del primo autore. Tuttavia dei miti elaborati nella Francia feudale egli fornisce una originale sintesi, che si differenzia per certi lati dallo stesso Guillaume, e presenta invece strettissimi legami con la sua lirica giovanile.

---

[2] Cfr. *Il Fiore e il Detto d'Amore*, a c. di E. G. Parodi, Firenze, 1922, XIII-XX.

Pur utilizzando numerosi episodi del romanzo (soprattutto della parte di Guillaume, anche se con l'episodio di Ricchezza egli si spinge oltre i limiti di questa, e numerosi indizi ci mostrano che egli ha presente il romanzo nel suo insieme), il progetto del *Detto* presenta tuttavia caratteristiche autonome. Non più storia di una conquista, il *Detto* si pone fin dal prologo come esempio di perfezionamento nel servizio amoroso:

che sia per tutto detto
ch' i' l' aggia ben servito,

(vv. 5-4)

e si compie infatti con lo stabilirsi di una condizione ideale nei comandamenti di Amore,[3] che dettano le leggi dell'amorosa leggiadria, del perfetto servire. A differenza del protagonista del *Fiore*, quello del *Detto* non è ancora giunto al termine della sua impresa, ma scrive quando è ancora nell'attesa, ponendosi, per così dire, nell'intervallo tra il desiderio e la sua soddisfazione, che è lo spazio ideale della lirica cortese.

Un'altra differenza salta subito all'occhio. Nel *Roman de la Rose* la donna non possiede una realtà autonoma: il simbolo fragrante della rosa fa di essa un puro oggetto di desiderio da cui l'amante è irresistibilmente attratto, mentre la sua vita interiore è risolta in un gioco di forze contrastanti, alcune favorevoli (Bel Acueil, Pitié, Franchise), altre ostili all'amore (Dangier, Peor, Honte). Nel *Detto* la figura femminile viene reintegrata nella sua essenza: una minuta descrizione di essa, membro per membro, è incastonata proprio al centro del poemetto. Da termine di conquista la donna diventa oggetto di contemplazione, celebrata per le virtù che da essa si irradiano sull'amante. Come per il disperdersi del desiderio, rigorosamente finalizzato nel romanzo, nella bellezza delle singole parti del suo corpo.

Le due differenze sono in evidente correlazione tra di loro e documentano un profondo mutamento nella finalità e natura dell'amore. Anziché essere proteso alla conquista del piacere sessuale, nel *Detto* l'amore mira a diventare fine in se stesso. A Ragione che cerca di distoglierlo da Amore, mostrandogli le molte sofferenze cui vanno soggetti i suoi fedeli (*ch' è troppo corta e breve / la gioia e la noia*

---

[3] Per il problema dell'incompiutezza del testo, si veda la nota 16, pag. 59.

lunga, vv. 94-5), il poeta risponde di non trovare altro che dolcezza in amore, che è per se stesso fonte di piacere:

Tu mi vuo' trar d'amare
e di' c' Amor amar è:
i' 'l truova' dolce e fine,
e su' comincio e fine
mi piacque e piacerà,
ché 'n sé gran piacer ha.

(vv. 141-6)

Sarà da scorgere un'analogia tra questa celebrazione dell'amore per se stesso e l'impiego della equivocazione, per cui, al contrario dell'aperta progressione generata nel romanzo dai distici baciati, il poema si avvolge su se stesso, come per un trasfondersi dell'eros nel piacere che muove la scrittura poetica.

Come in altre liriche giovanili del poeta, Amore è cantato come esperienza gratificante, intima felicità, bene che si accumula nell'animo dell'amante come il più prezioso dei tesori:

e sol lui per tesoro
vuol ch' uon metta 'n tesoro,

(vv. 389-90)

espressione che ricorda l'*amoroso tesoro* del son. *O voi che per la via* (v. 14), composto in occasione della partenza della prima donna schermo, in cui il poeta lamenta la perdita dello stato di grazia che prima gli altri gli invidiavano:

Amor, non già per mia poca bontate,
ma per sua nobiltate,
mi pose in vita sì dolce e soave,
ch' io mi sentia dir dietro spesse fiate:
« Deo, per qual dignitate
così leggiadro questi lo core have? ».

(vv. 7-12)

Nulla ci autorizza ad affermare che la destinataria del sonetto, con cui il poeta si celò *alquanti anni e mesi*, sia la stessa che ispirò il *Detto*. Tuttavia proprio tra questi componimenti prestilnovistici, in cui l'Amore è ancora velato dagli schermi della convenzione cortese, il poemetto trova la sua collocazione ideale. Non siamo ancora all'assoluta gratuità della lode di Beatrice, in cui la finalità dell'amore sarà riposta nel solo godimento del canto, nella disinteressata contemplazione (« In quelle parole che lodano la donna mia », *Vita Nuova*, XVIII). L'amore del *Detto* ci appare ancora sospeso nel delicato equilibrio tra sensualità ed eticità che è costitutivo dell'esperienza cortese. Ma se il *Fiore* sceglierà il primo termine, il *Detto* propende decisamente per il secondo. La soddisfazione del suo desiderio è bensì presente al poeta, ma essa non sembra porsi come un fine da perseguire, ma piuttosto come una « grazia » (408) che Amore elargisce a chi lo serve perfettamente. Sorprende del resto la moderazione dell'amante, che si dichiara contento di una *pietanza*, « elemosina », dell'amore della donna, considerandola come il bene più grande in virtù dei suoi pregi:

E s' io in lei pietanza
truov' o d' una pietanza
del su' amor son contento,
i' sarò più contento,
per la sua gran valenza,
che s' io avesse Valenza.

(vv. 265-70)

Mentre poco prima aveva espresso il desiderio che il suo amore non abbia mai termine:

ned e' non ho inchesto
se potesse aver termine,
ch' amar vorria san termine.

(vv. 230-2)

In realtà l'amore del *Detto* non possiede l'urgenza passionale che caratterizzerà poi il *Fiore*, come dimostra anche l'assenza dei due temi metaforici della malattia (*Fiore*, IV, 9-14; IX, 6-14; X, 3; XXXIII, 13-14; XLVII, 12-14, ecc.) e del fuoco d'amore (*Fiore*, XVII; XXXII, 13; CCXVIII-CCXXV), quest'ultimo accennato solo negativamente nel *gelo* della donna (302). Il desiderio, cui si fa più volte riferimento nel principio del poemetto (15, 21, 22, 65) si confonde con una aspirazione di perfezionamento interiore.[4]

Nella sua risposta a Ragione, il poeta esalta, con fervore che possiamo ben dire religioso, la forza vivificatrice dell'amore, condi-

---

[4] È significativo anche l'atteggiamento nei confronti del servizio d'amore. Mentre nel romanzo l'amante, nel prestare omaggio ad Amore, si accerta che il suo servizio gli sia grato, sì da non andare perduto (*Rose*, 2013-22), nel *Detto* il poeta si dichiara disposto a servire comunque la donna, anche se questo non fosse di suo gradimento (44-47). Il servizio si presenta così come dedizione gratuita, disinteressata.

zione di ogni virtù (l'espandersi dell'inno è reso dall'ampiezza progressivamente crescente dei membri dell'anafora):

Or come vivere' 'o?
sanz' Amor vive reo
chi si governa al mondo;
sanz' Amor egli è mondo
d' ogne buona vertute
né non può far vertute;
sanz' Amor sì è 'nvia,
che, con cu' regna, envia
d' andarne dritto al luogo
là dove Envia ha lluogo.

(vv. 147-56)

Benché il motivo sia comune alla tradizione cortese, il tono appare già quasi stilnovistico. Ciò si vede bene confrontando il passo con uno della canzonetta guittoniana *Tuttor, s'eo veglio o dormo*, il cui *incipit*, come ha rilevato il Contini,[5] è ripreso in un verso del *Detto*, della quale il poeta si sarà qui ricordato:

ché più leggero è Po
a passar senza scola
che lo mondo a om pro'
senza Amor, che dà
cor e bisogno da
sprovar valor e forzo.

(vv. 28-33)

I concetti arcaici di cui si avvale Guittone (*pro'*, *valor*) vengono sostituiti nel *Detto* da una terminologia moderna, ormai scolastica: *vertute*, cioè potenzialità di bene. Sì che non sorprende ritrovare l'eco di questi versi nella grande teorizzazione dell'amore della canzone *Amor che movi* (vv. 11-12):

sanza te [Amore] è distrutto
quanto avemo in potenzia di ben fare

(cfr. « sanz'Amor egli è mondo / d'ogne buona vertute »).[6]

---

[5] *Stilemi*..., p. 86.

[6] Queste riprese dal *Detto* appaiono conformi al guinizzellismo della canzone (cfr. l'introduzione ad essa nell'edizione continiana delle *Rime*), seppure del primo Guido vengano utilizzati, a differenza del *Detto*, gli aspetti più moderni, le grandiose analogie astronomiche, che l'amore pongono su uno sfondo cosmico.

L'universo di Amore si costituisce come un cosmo di puro valore, un sopramondo ideale (coincidente con l'universo stesso della poesia), nobilmente staccato dalla realtà quotidiana.[7] I suoi contenuti si definiscono in contrapposizione alle due forze antagoniste dell'amore, dominanti nel mondo profano: Ragione e Ricchezza, su cui si imperniano i due episodi centrali del poemetto, simmetricamente disposti. L'antitesi tra *amor* e *ratio* è tradizionale nel mondo occidentale e profondamente connaturata alla tradizione cortese, da cui è passata nel *Roman de la Rose.* Da qui deriva l'episodio del *Detto,* ma la natura del contrasto appare assai mutata. Alle seduzioni della dea il poeta non contrappone la propria passione, la forza inesorabile del desiderio, bensì l'eticità profonda, la superiore Ragione di Amore, rispetto a cui angusta appare la ragione raziocinante (*sì poco in te senn' ave*, 160), e disastrosa per i suoi soggetti (*i', per le', certan ho / che ciaschedun s' abbatte*: / *me' ched Amor sa, batte,* 84-6). Dell'originalità della sua concezione il poeta stesso si mostra consapevole quando, agli inizi dell'episodio, distingue dagli altri il suo amore, per il quale non valgono le rampogne di Ragione:

Amor blasma e disfama
e dice ch' e' diffama,
ma non del mi', certano.

(vv. 81-3)

Analogamente, nei confronti di Ricchezza, il richiamo ad Amore vale ad abolire una nozione estrinseca di possesso, rappresentata dalla cupidigia di beni materiali, per una ricchezza intima, che attinge alle sorgenti spirituali dell'essere. Qui non conosciamo la risposta dell'Amante, per la lacuna intervenuta dopo il v. 360, ma dalla ricapitolazione immediatamente successiva si deduce che all'amante è fatta proibizione di accumulare ricchezze per avidità di guadagno, con la raccomandazione di custodire i suoi beni solo a beneficio di Amore:[8]

o sed i' metto in punga
ricchezza per guardare,

---

[7] Per la celebrazione di Amore come sede di ogni valore, si ricordi la risposta del Cavalcanti al sonetto dantesco *A ciascun' alma presa*:

Vedeste, al mio parere, onne valore
e tutto gioco e quanto bene om sente,
se foste in prova del segnor valente
che segnoreggia il mondo de l' onore.

[8] Accanto a un significato negativo, l'episodio di Ricchezza ne possiede infatti uno positivo: dissuadere l'amante dalla smodata larghezza, mettendolo in guardia contro

o s' i' miro in guardare,
a lui se non, ciò c'ho,
di lui non faccia co.

(vv. 374-8)

(il divieto sarà ribadito ai vv. 389-90). Mentre nel corso del poema i beni di Amore sono insistentemente contrapposti ai beni materiali. Già vedemmo come l'amante deve tesaurizzare dentro di sé l'amore come unico tesoro (389-90); *oro e argento* il Dio elargisce all'istante ai suoi fedeli (31), mentre il bene d'amore vale più ch' *altro avere* (16).[9] Si ricorda l'uso che il poeta farà nella *Commedia* dell'immagine della moneta aurea per designare il bene prezioso della fede:

« Assai bene è trascorsa
d' esta moneta già la lega e 'l peso;
ma dimmi se tu l' hai ne la tua borsa ».
Ond' io: « Sì, ho, sì lucida e sì tonda,
che nel suo conio nulla mi s' inforsa ».

(*Par.*, XXIV, 83-7)

La matrice di queste metafore sarà infatti da individuare nei passi evangelici in cui la ricchezza spirituale è contrapposta ai beni esteriori, come in questo del Vangelo di Matteo (VI, 19-21):

Nolite thesaurizare vobis thesauros in terra, ubi aerugo, et tinea demolitur, et ubi fures effodiunt, et furantur. Thesaurizate autem vobis thesauros in caelo, ubi neque aerugo, neque tinea demolitur, et ubi fures non effodiunt, nec furantur. Ubi enim est thesaurus tuus, ibi est et cor tuum.

Così l'amore si costituisce come reintegrazione di un autentico valore, contro la perversione dei valori ingenerata dalla cupidigia.

Tuttavia l'episodio di Ricchezza riveste anche un altro significato.

---

gli orrori della povertà, presentata (come anche in Monte e in Cecco), come il supremo dei mali. La soluzione, ispirata a un principio di « misura », è in linea con la trattatistica amorosa (cfr. ANDREA CAPELLANO, *De Amore*, I, II, dove si proibisce al *sapiens amator* di dissipare le ricchezze; e anche I, IX) ed è sostanzialmente conforme con l'etica della *Commedia*, che punisce nello stesso cerchio gli avari e i prodighi.

9 Anche il pregio della donna è espresso in immagini economiche:

Per che 'l me' cor sì chiar' ha
di non far già mai cambio
di lei a nessun cambio;
ch' ell' è di sì gran pregio
ch' i' non troveria pregio
nessun che mai la vaglia

(vv. 246-51)

(e cfr. *caro* « prezioso » al v. 431).

La strada guardata da Ricchezza, il cammino di Troppo Donare, per il quale il poeta cerca di avventurarsi, rappresenta una via più breve e sicura per la conquista amorosa. Nelle parole stesse di Ricchezza, la via di Amore appare come una strada alternativa, più lunga e difficile, per chi, come il poeta, per la scarsità delle sue entrate (279), non può accedere a quella guardata dalla Ricchezza:

Va' tua via e sì procaccia,
ch' i' so ben, chi pro' caccia,
convien che bestia prenda.
Se fai che Veno imprenda
la guerr' a Gelosia,
come che 'n gelo sia,
convien ch' ella si renda,
e ched ella ti renda
del servir guiderdone,
sanza che guiderdone.

(vv. 297-306)

E la gratuità dei beni di Amore è ribadita più volte nel principio del poemetto: *Amor non vuol logaggio* (23); *sanza che tu don mandi* (28); *sanz' esservi presente* (30). In tal modo la fedeltà e il perfezionamento dell'amante sulla via di Amore appaiono quasi come un tesoro sostitutivo per chi, come il poeta, non dispone di mezzi sufficienti per far ricorso al potere abbagliante di Pluto. L'amore cortese sembra così svelarci le fondamenta su cui poggiano i suoi miti.[10] È noto che, secondo un'ipotesi sociologica di Erich Köhler, proprio dalle aspirazioni degli strati più poveri della cavalleria l'ideale cortese avrebbe tratto la sua origine.[11]

È questa, della mediocrità dei suoi mezzi, l'unica informazione che il poeta ci dà di se stesso, ed è pienamente conforme con ciò che sappiamo della sua condizione di aristocratico decaduto. Tuttavia il poemetto sembra rivolgersi soprattutto a un pubblico di lettori borghesi, che nei miti cavallereschi dell'amore cercano la patente di una promozione sociale. È significativo che accanto alle tradizionali metafore cortesi altre se ne affianchino, estratte dalla vita mercantile, dalla pratica del libro dei conti. Così l'associazione del poeta con

---

[10] Tale svelamento sarà agevolato dal mediocre registro di stile in cui è composta l'opera: lo stile medio è più propenso a dar spazio alle manifestazioni materiali, trascese nella sublimazione tragica.

[11] Cfr. E. Köhler, *Observations historiques et sociologiques sur la poésie des troubadours*, in « Cahiers de Civilisation Médiévale », vii (1964), 27-51.

Amore è presentata nella forma di una società commerciale (*ragione*), con impegni reciproci dalle due parti:

i' ho salda ragione
con Amor, e d' accordo
siam ben del nostro accordo,
ed è scritto a mi' conto
ch' i' non sia più tu' conto.

(vv. 130-4)

Il venir meno di ogni obbligazione verso Ragione appare come l'annullamento di un conto:

È la ragion dannata,[12]

(v. 135)

e l'adempimento degli obblighi contratti col dio, come il saldo di una partita (« quietanza »):

Chi 'l cheta come dee,
sì acchita ciò ch' e' dee.

(vv. 395-6)

Così, mentre cadono le preclusioni feudali di Guillaume, che escludeva il *vilain* dall'esperienza amorosa (1928-40), il poeta mette a frutto la nozione universalistica di Jean de Meung,[13] rivendicando la natura egualitaria dell'amore, che tutti accoglie sotto le sue bandiere:

Amor nessun non vaglia,
ma ciascun vuole ed ama,
chi di lui ben s' inama.

(vv. 48-50)

---

12 Per l'espressione, cfr. Boccaccio, *Decameron*, VIII, 1 (15): « i denari, cioè li dugento fiorin d'oro, che l'altrier mi prestasti, non m'ebber luogo . . . e perciò io gli recai qui di presente alla donna tua, e sì gliele diedi; e per ciò dannerai la mia ragione ».

13 Cfr. in particolare questi versi, in cui Jean celebra la potenza universale dell'amore, che trionfa su tutte le classi e gli strati sociali:

C' est teigne qui riens ne refuse,
Les pourpres e les bureaus use,
Car ausinc bien sont amouretes
Souz bureaus come souz brunetes,
Car nus n' est de si haut lignage,
Ne nul ne treuve l' en si sage,
Ne de force tant esprouvé,
Ne si hardi n' a l' en trouvé,
Ne qui tant ait d' autres bontez,
Qui par Amours ne seit dontez.
Touz li mondes va cele veie.

(*Rose*, vv. 4331-41)

Da fermenti analoghi nasce l'ideale stilnovistico di una nobiltà non più fondata sul sangue, ma su intrinseco valore. Tuttavia è assente nel *Detto* il senso di un'elezione ideale, e quasi di predestinazione, che interviene nella teoria del *cor gentile*, cui Dante renderà omaggio nella stagione della lode (son. *Amor e 'l cor gentil*). Questa avrà anche rilevanti riflessi di poetica, definendo la poesia come comunicazione alta e sottile tra un pubblico ristretto, unito da una comune elezione. Ed è indicativo che proprio la canzone che schiude la splendida stagione della lode, si apra con la designazione di un pubblico ideale di donne, nelle quali l'*amor* si fonda con la *ratio* (*Donne ch' avete intelletto d'amore*), con cui il poeta stabilisce un intimo colloquio, traendone una dolcezza nuova di canto. Mentre il commento prosastico manifesta la preoccupazione del poeta per il terreno vitale destinato ad accogliere la sua poesia, esprimendo il timore « d'avere a troppi comunicato lo suo intendimento ». Il percorso della *Vita Nuova* ci presenta infatti gradi successivi di iniziazione nei misteri d'amore. Mentre i componimenti iniziali come *A ciascun' alma presa* o *Piangete, amanti*, risultano destinati a tutti i fedeli d'Amore, col sonetto del gabbo (*Con l'altre donne*), appartenente al periodo cavalcantiano, si annuncia una preclusione:

> E questo dubbio è impossibile a solvere a chi non fosse in simile grado fedele d'Amore; e a coloro che vi sono è manifesto ciò che solverebbe le dubitose parole (XIV, 14); e cfr. anche XXXVIII, 5: E che degno sia di chiamare l'appetito cuore e la ragione anima, assai è manifesto a coloro a cui mi piace che ciò sia aperto.

Il *Detto* appare estraneo a questi atteggiamenti aristocratici, in cui sarà da ravvisare l'influsso determinante del Cavalcanti (dal prologo appare che il poemetto si rivolge a un pubblico indeterminato di amanti: *un detto / che sia per tutto detto*).[14] Ciò si riflette sia

---

[14] Un atteggiamento analogo si ritrova invece nel sonetto *Messer Brunetto, questa pulzelletta* (*Rime* XCIX), in cui si è vista, con buoni argomenti, una missiva di accompagnamento del *Fiore*. Il sonetto diffida il destinatario da una lettura frettolosa, in cui potrebbe trarlo l'apparente facilità dell'opera, invitandolo invece a reiterati sforzi esegetici:

La sua sentenzia non richiede fretta,
né luogo di romor né da giullare;
anzi si vuol più volte lusingare
prima che 'n intelletto altrui si metta.

Il *Fiore* appartiene probabilmente al periodo di più stretti rapporti tra Dante e il Cavalcanti (cfr. pp. 98-103), sí che pare interessante ritrovare sul fronte comico, un atteggiamento simile a quello che si manifesta su quello tragico della *Vita Nuova*.

nel tono poetico, caratterizzato per una rigidità retorica, assenza di profondo colloquio (è già indicativo l'uso del participio passato *detto* rispetto al valore attivo di *dire*, al secondo verso di *Donne ch' avete: i' vo' con voi de la mia donna dire*), sia nei contenuti etici dell'amore. Questo partecipa ancora dei caratteri mondani propri della tradizione cortese, che saranno invece interamente trascesi nell'atmosfera di alta spiritualità propria dello stilnuovo. Nei comandamenti finali, accanto a virtù propriamente morali, come l'umiltà, la cortesia, la franchezza, si raccomandano al fedele pregi mondani, come la grazia nel comportamento, l'abilità nelle prove atletiche e nel canto, con insistenza sull'eleganza delle calzature e delle vesti, e aggiunta di particolari nuovi rispetto al testo di Guillaume, che rispecchieranno la moda fiorentina del tempo:

Belle robe a podere,
secondo il tu' podere,
vesti, fresche e novelle,...
E s' elle son di lana,
sì non ti paia l' ana
a devisar l' intagli,
se tu ha' chi gli 'ntagli.[15]

(vv. 427-36)

Il *Detto* ci documenta la partecipazione da parte del giovane Dante ad un costume di elegante mondanità, che si intravede ancora, rarefatto, sullo sfondo della *Vita Nuova* (cfr. ad es. XIV, 1-3), e a cui renderà omaggio, ad esempio, il sonetto *Sonar bracchetti*, dove si affrontano, in leggiadro contrasto, due aspetti fondamentali del costume cavalleresco, la caccia e la pratica amorosa:

Or ecco leggiadria di gentil core,
per una sì selvaggia dilettanza
lasciar le donne e lor gaia sembianza.

(vv. 9-11)

Quando, nella sua maturità, Dante tornerà sul tema della leggiadria con la canzone *Poscia ch' Amor*, lo rivivrà attraverso l'esperienza successiva, filtrandolo di ogni tratto mondano, sì da farne elemento di un cosmo morale. Di questa eletta virtù cavalleresca egli

---

15 Nel passo corrispondente del *Roman de la Rose* (2145-8), Amore consiglia l'amante di servirsi di un buon sarto: *E si doiz ta robe baillier / A tel qui sache bien taillier, / Qui face bien seanz les pointes / E les manches vestanz e cointes.*

darà un'interpretazione tanto alta e esclusiva come indica la chiusa: *Color che vivon fanno tutti contra.* Ed è significativo che, se il *Detto* indugiava sul vestire, la canzone getti lo scherno su chi ripone la leggiadria nello sfoggio di abiti eleganti, come in altre manifestazioni frivole:

> Qual non dirà fallenza
> divorar cibo ed a lussuria intendere?
> ornarsi come vendere
> si dovesse al mercato di non saggi?
> ché 'l saggio non pregia om per vestimenta,
> ch' altrui sono ornamenta,
> ma pregia il senno e li genti coraggi.
>
> (vv. 32-8)

Non senza però che si possano ravvisare collegamenti tra l'ideale giovanile del *Detto* e quello della canzone, impregnata di virile energia morale, visibili in ispecie nel ritratto dell'uomo leggiadro che chiude entrambi i componimenti: la condanna dell'orgoglio e l'invito alla franchezza dei vv. 129-31 ricordano le analoghe prescrizioni del *Detto* (397-404).[16]

Nel rilievo dato alle manifestazioni mondane sarà da scorgere l'influsso del Maestro per eccellenza di Dante: Brunetto (« ché sai che sén tenuti / un poco mondanetti », *Tesoretto* 2560-1). A lui, come vedremo meglio più avanti (cap. IV), l'opera si rifà esplicitamente, fin nell'adozione del metro in cui erano stati composti il *Tesoretto* e il *Favolello.* In una sfera diversa, quella dell'amore, Dante sembra portare la stessa aspirazione ad uno stile di vita raffinato, nobilitato dal costume cavalleresco, che si manifesta nei precetti civili di Brunetto. Ciò vale anche per un altro elemento che pure prefigura il clima stilnovistico: l'introduzione del concetto di amicizia a coronamento di quello di amore. Prima di chiudere il componimento, il poeta raccomanda al fedele di scegliersi un amico, che lo soccorra in ogni sua bisogna: meglio se egli avrà una bella compagna, perché in tal modo « la tua fia più sicura » (473). Anche nel *Roman de la Rose* Amore consigliava all'amante di cercarsi un amico (2686-2716): ma questi vi svolgeva il ruolo tradizionale di confidente e consigliere negli affari di amore (era infatti invocato a pro-

---

16 Una più profonda memoria formale sembrerebbe testimoniata dalla trama di rispondenze ritmiche e lessicali, pur nell'estraneità dei contesti, tra i vv. 123-5 della canzone e 427-31 del *Detto.*

posito dei dolci rimedi offerti da Douz Parler). Nel *Detto* invece l'amicizia viene definita come autonomo bene spirituale, sì da ricordare la celebrazione che di essa è fatta da Brunetto: nei vv. 459-65:

Mi' detto ancor non fino
ché d' un amico fino
chieder convien ti membri
che metta cuor e membri
per te, se ti bisogna,
e 'n ogne tua bisogna
ti sia fedele e giusto,

si avverte l'eco di questi del *Favolello*:

Ma l' amico di fatto
è teco a ogne patto,
e persona ed avere
puo' tutto tuo tenere,
ché nel bene e nel male
lo troverai leale;

(vv. 117-22)

mentre la coppia *fedele e giusto* pare ripresa dalla definizione di « amico » data nelle *Rettorica* (2, 6):

Amico è quelli che per uso di simile vita si congiugne con un altro per amore iusto e fedele,

e *amico fine* è stilema ben brunettiano (*Tesoretto*, 2427; *Favolello*, 160).[17]

Non sono ancora pienamente maturate le implicazioni che l'amicizia, come legame tra esseri accomunati da una comune elezione, fondata su un'« assoluta separazione dal reale » (Contini), avrà nello stilnuovo, e che troverà la sua celebrazione nel sonetto *Guido, i' vorrei.*[18] Tuttavia il nesso vitale tra *amor* e *amicitia*, forma di amore puro, perfettamente disinteressato, si è già costituito. Esso è reso esplicito così dal collegamento col v. 385: *Amor vuol questi doni*: /

---

17 Per l'importanza che il concetto di amicizia viene ad assumere nella cultura fiorentina di quegli anni, cfr. G. Folena, *Cultura poetica dei primi fiorentini*, in « Giornale storico della letteratura italiana », 1970, CXLVII, 36.

18 Sussistono però significativi rapporti tra i due componimenti, vagheggianti entrambi un'armonia tra coppie felici di amanti, anche se il *Detto* accenna, realisticamente, al pericolo di complicazioni triangolari (472-480). Li accomuna la matrice culturale, dato che anche il sonetto si rifà alla cultura oitanica (romanzo cavalleresco)

corpo e avere e anima (cfr. *che metta cuor e membri / per te*, 462-3), come dalla ripresa dell'immagine della ricchezza spirituale usata prima per l'amore:

> Ma, se 'l truovi perfetto,
> più ricco che 'l Perfetto
> sarai di sua compagna.
>
> (vv. 469-71)

Il momento « cortese » di Dante, di cui il *Detto*, per la sua ampiezza e l'impegno teorico, viene ad essere uno dei documenti più rappresentativi, si pone quindi in stretta relazione col nuovo stile. L'accento posto sulla natura virtuosa e salvifica dell'amore, la celebrazione della donna, il legame tra amore e amicizia, sono tutti elementi che prefigurano il clima stilnovista. Persiste però ancora una finalità estrinseca nell'amore, mentre esso appare avvolto nelle convenzioni mondane della cortesia, sì da non manifestarsi ancora come pura interiorità. Questo rapporto, come di « adombramento », è figurato nel racconto della *Vita Nuova*, dove gli episodi delle donne schermo fanno da preludio alla « rivelazione » di Beatrice.

II.

LA RELIGIONE D'AMORE

Una prefigurazione del clima stilnovistico è da vedere soprattutto nell'estesa applicazione all'amore di concetti e immagini religiose; seppure si tratti ancora di una religione mondana, in cui gli aspetti intimi dell'amore si fondono con un rituale esteriore.

L'amore cortese ha sempre avuto tendenza a costituirsi come un culto. Fin dalle origini provenzali, immagini religiose si affiancavano a quelle di estrazione feudale, stabilendo una segreta analogia tra la nuova mitologia dell'amore e il cristianesimo.[1] L'espandersi poi degli ideali cortesi fuori della loro matrice feudale sembra aver avvantaggiato la struttura mistico-religiosa, rispetto a quella socio-politica, in virtù del suo stesso potere universalizzante. Nel *Detto* tuttavia si manifesta un rigore nuovo di deduzione, uno sforzo di elaborazione sistematica, sì che la metafora episodica cede ad una analogia globale. Il futuro autore del poema sacro appare già intento all'edificazione di un cosmo amoroso, costruito ad immagine e somiglianza del cosmo cristiano.

Al suo centro vi è il Dio d'Amore, tradizionale rappresentazione della sacralità dell'eros, il cui culto si definisce come un credo religioso:

> Lo dio dov'hai credenza,
>
> (v. 111)

cioè « in cui hai fede ».[2] L'amante sta in adorazione davanti al suo dio:

> Per ch' i' a lui m' adoro
> come leal amante,[3]
>
> (vv. 32-3)

---

[1] Cfr. J. Frappier, *Vues sur les conceptions courtoises dans les littératures d'oc et d'oïl au XIIe siécle*, in « Cahiers de Civilisation Médiévale », II (1959), pp. 135 ss.; C. S. Lewis, *L'allegoria d'Amore*, trad. it., Torino, 1969, pp. 3-43.

[2] Per l'uso di *credenza* nel senso di ' fede ', cfr. *Par.*, XXIV, 123: *ma or convene spremer quel che credi, / e onde alla credenza tua s' offerse* (e v. anche *Purg.*, XXII, 77).

[3] Cfr. anche: *chi gli sta cortese / od a man giunte avante* (18-9), dove il gesto

rendendogli grazie per le molte virtù profuse nella sua donna:

A lu' fo graze, amante
quella che d' ogne bene
è sì guernita bene
che 'n le' non truov' uon pare.
(vv. 34-7)

Mezzo che l'amante congiunge al Dio, sensibile manifestazione e strumento della sua gloria, la donna viene a rappresentare in questo universo come il sole, più fulgido di quello reale (187-90), e la sua lode assume un valore simile alla lode delle creature, e della più alta tra esse, la Vergine, nel Cristianesimo.[4]

È necessaria in questa, come in ogni altra religione, l'esistenza di un pubblico di fedeli, designato due volte con l'immagine di un convento, sottoposto ad una regola di interiore perfezionamento:

Ragion, ch' è stata intesa
a trarmi de la regola
d' Amor, che 'l mondo regola
(vv. 126-8)

po' ch' i' fu' del convento
d' Amor.[5]
(vv. 138-9)

Il fedele aspira a immedesimarsi col suo Dio, fino a diventare una sola anima con lui: processo indicato col verbo *inanimarsi* (v. 386),[6] composto parasintetico con *in-*, che prelude alle coniazioni paradisiache come *inleiarsi* (*Par.*, XXII, 127), *inluiarsi* (IX, 73), *intuarsi* (IX, 81), *immiarsi* (IX, 81), sorte da un'identica istanza teologale. Per realizzare questa unione, l'amante deve sgomberare dalla sua anima

della giunzione delle mani, che nel *Roman de la Rose* era parte del rito dell'omaggio (*Atant devin ses on mains jointes*, 1955) diventa atto di religiosa devozione.

4 Va da sé che il rapporto col Dio è più importante di quello con la sua manifestazione sensibile, sì che il Dio potrà anche servirsi di altri tramiti per manifestare la sua gloria. È la situazione del sonetto *Cavalcando l' altr'ier*, dove, sia pure con tristezza, Amore impone al poeta di investire il suo cuore in un'altra creatura. Solo nella seconda parte della *Vita Nuova*, con l'eclissarsi dell'ipostasi del Dio d'Amore (cfr. p. 28), il legame tra il poeta e Beatrice diventerà indissolubile, eternamente valido.

5 L'immagine consuona con quella del sonetto cavalcantiano *Se vedi Amore, assai ti priego, Dante* (10-11), dove la donna fedele d'Amore è indicata col termine *renduta*, « come una religiosa che abbia fatto voto » (Contini).

6 Vi corrisponde, nel principio della storia, il verbo *inamarsi* (50) « lasciarsi prendere all' amo », « innamorarsi ». Altro composto con *in-* degno di rilievo è *inservito* (6) per « asservito ».

qualsiasi altra cura, donandosi interamente, *corpo e avere e anima* (v. 385). I « comandamenti » d'Amore (397 ss.) gli forniscono le norme a cui dovrà conformarsi la sua vita.[7]

Alla divinità di Amore si contrappongono le pretese divine di Ragione:

ella si fa diessa:
né fu' né fia di essa!,

(vv. 79-80)

che per il poeta è invece dannata:[8]

perch' i' t'ho per dannata.

(v. 136)

La negazione dell'amore porta infatti al castigo infernale:

sanz' Amor sì è 'nvia,
che, con cu' regna, envia
d' andarne dritto al luogo
là dove Envia ha lluogo:

(vv. 153-6)

il *luogo / là dove Envia ha lluogo* sarà infatti l'inferno, similmente designato nella *Commedia*:

Questi la caccerà per ogne villa,
fin che l' avrà rimessa ne lo 'nferno,
là onde 'nvidia prima dipartilla,

(*Inf.*, I, 109-111)

dove alcuni commentatori, tra cui Pietro, intendono appunto *invidia prima* come designazione del demonio (cfr. *primo amore* per « Dio »).

Il dogma centrale di questa religione è la certezza che l'adempimento degli obblighi verso il Dio garantisca la piena soddisfazione del desiderio: analogamente nel Cristianesimo il comportamento virtuoso assicura al fedele la felicità finale. Il dogma è enunciato ai vv. 17 ss.:

Ed egli è sì cortese
che chi gli sta cortese
od a man giunte avante,

---

7 In sottordine alle immagini religiose vi è quella di una *militia Amoris*, analogica della *militia Christi*, svolta con dovizia di particolari nei vv. 366-383.

8 Tale mi pare il senso di *dannata*, il quale trova conferma nei vv. 154-7. Il Parodi interpreta invece « condannata, messa fuori combattimento ».

esso sì 'l mette avante
di ciò ched e' disira,
e di tutto il disir ha,

(vv. 17-22)

e sarà ribadito più volte nel corso del poemetto (51-2; 54-65; 271-6; 395-6). Il principio, ben noto alla trattatistica cortese,[9] trova larga eco nell'opera dantesca. Esso è enunciato in un sonetto della corrispondenza col Maianese, *Savere e cortesia*, di epoca presumibilmente assai vicina al *Detto*, dove si esprime la certezza che le « grazie e vertuti » elencate nella prima quartina inducano Amore a corrispondere. Se, come credo (cfr. *Nota al testo*), il v. 52 del poemetto è da leggere *che con piacer fa forza*, cioè « Amore tiene in gran conto chi costringe, obbliga piacendo » (Parodi, aggiungendo una *'n* al codice, legge *che 'n compiacer fa forza*, cioè « che si sforza di compiacergli »), esso viene quasi a coincidere col v. 6 del sonetto:

este grazie e vertuti in onne parte
con lo piacer di lor vincono Amore.

In realtà proprio in questo punto i rapporti col sonetto si fanno strettissimi: il distico successivo presenta l'equivocazione *parte*: *part' è*, che richiama quella *parte*: *parte* dei vv. 5: 8 del sonetto, ed anzi ad *in onne parte* di questo risponde *in nulla part' è* (seguito da negazione).[10]

Sul principio della corresponsione amorosa è incentrato anche il

[9] Come nota GIANFRANCO CONTINI (*Dante come personaggio poeta della Commedia*, in « Approdo letterario », gennaio-marzo 1958; ora nel vol. *Varianti e altra linguistica*, Torino, 1970, p. 346), il principio è accennato nel trattato di ANDREA CAPELLANO (libro II, Regole IX e XXVI). Ma è significativo che nella « reprobatio » del terzo libro Andrea metta in dubbio la giustizia di Amore, che travaglia spesso i suoi fedeli senza ragione; e il dubbio si affaccia già nel primo libro: « Hoc ergo tuo pectori volo semper esse fixum, Gualtieri amice, quod, si tali amor libramine uteretur, ut nautas suos post multarum procellarum inundationem in quietis semper portum deduceret, me suae servitudinis perpetuo vinculis obligarem. Sed quia inaequale pensum sua solet manu gestare, de ipsius tamquam iudicis suspecti non ad plenum confido iustitia. Ideoque ad praesens eius recuso iudicium, quia: " Saepe suos nautas valida relinquit in unda " » (*De Amore*, I, IV). Analogamente nel *Detto* Ragione, mentre cerca di scalzare la divinità di Amore, insinua nel poeta dubbi sull'esito della sua amorosa avventura: *Lo dio dov' hai credenza / non ti farà credenza / se non come Fortuna* (111-3). L'intervento di Ragione è infatti una sorta di « reprobatio Amoris ».

[10] Anche il verbo *contastar* « contrastare », riferito nel sonetto ad Amore (v. 12) appare nel *Detto*, riferito a Ricchezza (v. 294). L'enumerazione della prima quartina presenta poi strette affinità con quella del sonetto LXXIX del *Fiore*, e risalirà ultimamente al *Roman de la Rose* (vv. 10449-59).

sonetto *Com più vi fere Amor* (*Rime*, LXII), dove esso è ribadito sia nella seconda quartina che nella chiusa:

> Poi, quando fie stagion, coi dolci impiastri
> farà stornarvi ogni tormento agresto,
> ché 'l mal d' Amor non è pesante il sesto
> ver' ch' è dolce lo ben
>
> (vv. 5-8)
>
> ch' elli sol può tutt' allegrezza dare
> e' suoi serventi meritare a punto.
>
> (vv. 13-4)[11]

È noto che a questo stesso principio farà ricorso Francesca, nel suo triplice grido ad Amore: *Amor, ch' a nullo amato amar perdona*, dove però, rispetto al *Detto* e ai sonetti, che ci presentano un rapporto speculare tra l'amante e il suo Dio (cfr. il gioco del v. 12 del *Detto*: *sin c' Amor amoroso / no gli sia ne la fine*), viene fatto risaltare il legame tra i due amanti, presi in un gioco che ne travolge le individualità singole. Invocato da Francesca quasi a sua discolpa, il verso diventa un marchio penale, svelando il tragico errore, la decettiva fede, di cui Francesca, e anche Dante nella sua giovinezza, sono stati seguaci.

Protetto da questa fede, l'amore del *Detto* è immune dei tratti angosciosi, disperati, che caratterizzeranno ad esempio l'esperienza cavalcantiana. La pena amorosa è accettata senza dramma, come una necessaria « penitenza » (60), cui seguirà la « grazia » (408) del Dio, mentre la speranza, che in questo contesto ci appare nella sua luce di virtù teologica,[12] non abbandona mai il poeta:

> Per ch' i' già non dispero,
> ma ciaschedun dì spero
> merzé.
>
> (vv. 67-9)

Si tratta di un motivo particolarmente caro a Dante, che ispira componimenti giovanili come la ballata *Deh, Vïoletta,* dove il poeta si giustifica presso la donna per il suo tenace attaccamento alla speranza, o la stanza *Madonna, quel signor*, dove appare una fede più

---

[11] Del sonetto trova riscontro nel *Detto* anche l'immagine del « cammino » di Amore dei vv. 8-12 (cfr. *Dt.*, 100-1).

[12] La sospensione della fine, che abbiamo visto propria del *Detto* (p. 3), definisce infatti un orizzonte di attesa, di speranza, che è l'orizzonte stesso della fede (« fede è sustanza di cose sperate »).

combattuta, ritornando ancora nella canzone *Le dolci rime d'amor*, commentata nel *Convivio*, dove lo sdegno improvviso della donna non infirma la speranza del poeta (cfr. v. 3: *non perch' io non speri*).

I versi che abbiamo appena citato, se possono ricordare, per antitesi, il cavalcantiano *I' mi dispero* del sonetto *Io temo de la mia disaventura* (v. 2),[13] sembrano invece richiamarsi esplicitamente alla canzone guinizzelliana *Lo fin pregi' avanzato* (48-9):

Ancor in vo' i' spero
merzé che non dispero.

In realtà proprio la lezione del primo Guido sembra svolgere un ruolo fondamentale nella costruzione teologica del *Detto*, confermando appieno il ruolo di « padre » che il poeta gli riconoscerà nella *Commedia.* Proprio il Guinizzelli, all'ombra dello Studio bolognese, aveva spinto all'estremo il travestimento religioso dell'*eros* profano, colorendolo delle nozioni filosofiche e teologiche della scolastica. Anche se della poesia guinizzelliana Dante trascura in questo momento [14] gli elementi più rivoluzionari, le grandiose analogie astronomiche che inquadrano l'amore in uno sfondo cosmico, il suo influsso si avverte tuttavia nello sforzo di elaborazione sistematica, nel rigore nuovo di deduzione che domina la costruzione. E in realtà il rimprovero che si immagina rivolto dal creatore al poeta nel finale di *Al cor gentil*:

(Lo ciel passasti e 'nfin a Me venisti)
e desti in vano amor Me per semblanti:
ch' a Me conven la laude
e a la reina del regname degno,
per cui cessa onne fraude,

si attaglia perfettamente anche al *Detto*; sì che quando nel XXVI del *Purgatorio* Guido invocherà dal pellegrino ultraterreno il suffragio di

---

[13] Il motivo della disperazione tornerà nella celebre ballata dell'esilio: *Perch' i' non spero . . .*

[14] Si ha l'impressione che il dettato guinizzelliano venga diversamente utilizzato da Dante nei vari momenti della sua arte (la relativa mescolanza di stili del primo Guido favoriva questa valorizzazione plurima). Nel *Detto* è il Guinizzelli più arcaico, legato alla tradizione sicula e agli ardimenti tecnici guittoniani, tanto da costruire sul modello del maestro aretino una canzone di tutti settenari (*Lo fin pregi' avanzato*), contesta su un artificioso gioco di rime equivoche e ricche (simili al metro del *Detto*), vincendolo però per lucidità inventiva e vigore logico. Vengono invece esclusi gli aspetti più alti dell'ispirazione di Guido: oltre all'immaginazione astronomica e scientifica, la poetica del « cor gentil », così come i tratti terrifici dell'amore, che precorrono il Cavalcanti.

una preghiera quando egli giunga « al chiostro / nel quale è Cristo abate del collegio » (128-9) si è tentati di scorgervi un'allusione a quell'altro « collegio », il cui principe è il Dio d'Amore, di cui era fatto duplice cenno nel *Detto* (126-8; 138-9), come per ritrovarsi di antichi sodali, accumunati dal culto reso all'eros profano. Anche se, a differenza di Guido, Dante non sembra scorgere un conflitto, ma tentare un'armonizzazione tra l'amore della creatura e l'amore del creatore, ché, come la donna è tramite tra il poeta e Amore, così Amore sembra costituirsi a tramite tra il poeta e Dio, come una piega nel dispiegarsi del divino:

po' ch' i' fui del convento
d' Amor cu' Dio mantenga:
e' sempre me man tenga.

(vv. 138-40)

Proprio nella speranza di una conciliazione, sembrerebbe di poter scorgere i germi del prodigioso cammino (di cui la *Vita Nuova* sarà la tappa fondamentale), che porterà Dante, per speciale privilegio, a intraprendere il viaggio ultraterreno.[15]

L'influsso guinizzelliano si rivela determinante soprattutto nella tematica della lode, che rappresenta qui, come poi nella *Vita Nuova*, il momento di maggiore splendore poetico. Tramite di Amore, mezzo che l'amante rende partecipe delle perfezioni del Dio, la donna è già celebrata come prodigio, elenco di attributi meravigliosi, che trascendono il mondo fenomenico. Ma, come già in Guido, questi attributi vengono svolti dall'interno della poetica cortese, per forza di iperbole, sì da rimanere nell'ambito degli ardimenti metaforici. Solo con Beatrice essi assumeranno valore ontologico.

Un effetto portentoso produce il canto della donna:

Il su' danzar e 'l canto
val vie più ad incanto
che di nulla serena,
ché l' aria fa serena:
quando la boce lieva,
ogne nuvol si lieva
e l' aria riman chiara.

(vv. 239-45)

[15] Vi sono del resto già cenni di una celebrazione dell'Amore come supremo regolatore dell'universo. Così al verso 128 abbiamo *Amor, che 'l mondo regola*, frase che ricorda quelle della *Commedia*: (*pronte*) *al consiglio che 'l mondo governa*, *Par.*, XXI, 71; *La provedenza, che governa il mondo*, *Par.*, X, 28 (cfr., per la forma dell'enunciato, *Detto*, 149: *chi si governa al mondo*).

Rovesciando il *topos* tradizionale della sirena, che assegnava alla donna una malia rovinosa,[16] Dante fa procedere da essa un incanto benefico,[17] tale da ricordare i prodigi che si accendono all'apparire della donna guinizzelliana. Anche se, alla forza letificante di quella, che vivifica le luci e i colori di natura (cfr. son. *Gentil donzella* 12-4) si sostituisce un più sottile incanto di ordine negativo, il potere di vincere il turbamento del fenomeno, sì da anticipare quasi l'« incantamento » del sonetto *Guido, i' vorrei*, dove, sullo sfondo della marina si vagheggia una mitica comunione di amanti, sottratti alle vicissitudini del tempo (« sì che fortuna od altro tempo rio / non ci potesse dare impedimento »).

Non meno prodigioso è l'effetto della luce che emana dal suo viso:

ed ha sì chiara luce
ch' al sol to' la sua luce
e lo scura e l' aluna,
sì come il sol la luna,

(vv. 187-90)

dove vi sarà il ricordo della fenomenologia luminosa del Guinizzelli, in particolare dei vv. 9-11 del sonetto *Gentil donzella*:

ché 'l vostro viso *dà sì gran lumera*
che non è donna ch' aggia in sé beltate
ch' a voi davante non s' *ascuri* in cera,

oltre che delle comparazioni solari (per non dire delle stellari), diffuse nella lirica cortese, ma care specialmente al primo Guido:

e infra l' altre par lucente sole
e falle disparer a tutte prove.

(Canz. *Tegno de folle 'mpres', a lo ver dire*, 23-4; e cfr. 35-7).[18]

---

[16] Cfr.: *e 'l bel cantare m' ha conquiso e morto / a simiglianza de la serenella / che uccide 'l marinar col suo bel canto* (*Mare*, 111-3); *sono rotto come nave / che pere per lo canto / che fano tanto / dolze le serene* (canz. *Membrando ciò ch' amore*); *Sicome il marinaro la serena / ca lo disvia co lo dolze canto / e poi li dà tempesta per inganno* (Maestro Rinuccino, *D' amore abiendo gioia*). Gli esempi si citano dalle note al *Mare Amoroso* di E. Vuolo, in « Cultura Neolatina », XVI, 1957; ora raccolte nel volume *Il Mare Amoroso*, Roma, 1962, 143-4.

[17] Il superamento avviene per suggerimento della rima equivoca *serena*. Simile gioco etimologico era nel *Roman de la Rose*: « Tant estoit cil chanz douz e biaus / Qu' il ne sembloit pas chant d' oiseaus, / Ainz le peüst l' en aesmer / A chant de sereines de mer, / Qui, por lor voiz qu' eles ont saines / E series, ont non sereines » (669-74).

[18] L'immagine solare trae una più profonda significazione dalle analogie astronomiche della canzone *Al cor gentil*, dove è presa ad illustrare il rifulgere del lume di-

Rispetto alle quali però la potenza dell'immaginazione dantesca si manifesta nel porre senz'altro alla pari donna e sole, sì che il sole reale appaia oscurato da quello metaforico, ridotto al pallido lume lunare. Non sorprende che il procedimento così inaugurato, come per trascendimento dell'ordine fenomenico, ricompaia nella terza cantica della *Commedia* a rappresentare altro termine teologico, altro impossibile:

> un punto vidi che raggiava lume,
> acuto sì, che 'l viso ch' elli affoca
> chiuder conviensi per lo forte acume;
> e quale stella par quinci più poca,
> parrebbe luna, locata con esso
> come stella con stella si collòca,
>
> (*Par.*, XXVIII, 16-21)

dove il sistema di rappresentazione è sostanzialmente identico e solo basta sostituire gli elementi che entrano in gioco, cioè alla donna il punto luminoso (Dio), alla lucentezza la piccolezza, al sole e alla luna rispettivamente la luna (come paradigma di estensione) e la più piccola stella (cfr. anche *Purg.*, XXXI, 82-4).

Come da una sacra immagine, dal corpo della donna si irradiano miracolose virtù. Così essa ha il potere di ridurre « in buono stato » chiunque miri in lei:

> il su' nobile stato [19]
> sì mette in buono stato
> chiunque la rimira,
>
> (vv. 223-5)

mentre difende dal male (che sarà qui in senso etico) quelli su cui si posa il suo sguardo:

> In su' dolze riguardo
> di niun mal ha riguardo
> cu' ella guarda in viso,
> tant' ha piacente avviso.
>
> (vv. 183-6)

---

vino nelle intelligenze celesti (immagine del rapporto tra l'amante e la donna): *Splende 'n la 'ntelligenzïa del cielo / Deo crïator, più che 'n nostr' occhi 'l sole.*

Nei versi del *Detto* vi sarà anche il ricordo della descrizione di Biautez nel *Roman de la Rose*, per la presenza di un terzo termine di comparazione: « El ne fu oscure ne brune, / Ainz fu clere come la lune, / Envers cui les autres estoiles / Resemblent petites chandoiles » (995-8).

[19] Cfr. *del suo stato gentile* nella canz. *Donne ch' avete* (v. 11).

Se in questo secondo passo sarà echeggiata la chiusa del sonetto *Io voglio del ver*, che a suprema gloria della donna cita il suo potere di eclissare ogni malvagio pensiero nei riguardanti (*null' om po' mal pensar fin che la vede*), nel primo è palese il ricordo della canzone *Lo fin pregi' avanzato* (a cui, come abbiamo visto, risalgono probabilmente anche i vv. 67-9), dove pure si attribuisce alla donna la virtù di togliere la sofferenza a chi miri in lei (con identica equivocazione su *mira*):

Radobla canoscenza
che 'n voi tuttora mira,
ché chïunqua vo mira
non ha consideranza.[20]

(vv. 53-6)

Questa fenomenologia del prodigio può ricordare al lettore quella della lode di Beatrice, quale è svolta ad es. nella terza stanza di *Donne ch' avete*: anch'essa un elenco di virtù, di meravigliosi effetti procedenti dalla vista e dalla parola della donna. Ma quella che nel *Detto* è un'iperbole poetica, con Beatrice sarà autentico miracolo, prodigio di redenzione, elargizione di grazia sui toccati. Ché mentre le virtù della donna del *Detto* sono riferite tutte al suo corpo, e vi sarà tra esse anche quella, tutta materiale, di rendere immune da malattia chiunque si abbracci con lei:

Mani ha lunghette e braccia,
e chi co llei s' abbraccia
già mai mal non ha gotta
né di ren né di gotta,[21]

(vv. 219-22)

quasi un equivalente profano della salute spirituale elargita da Beatrice:

Ancor l' ha Dio per maggior grazia dato
che non pò mal finir chi l' ha parlato

(*Donne ch' avete*, 41-2),

le virtù di Beatrice procedono dalla sua anima (*le sue virtuti effettive che de la sua anima procedeano*).

---

20 Cioè « non ha afflizione » (prov. *consiransa*) (Contini).

21 Il potere taumaturgico della donna troverà riscontro nel *Fiore*; cfr. p. 85.

Così non più che una poetica similitudine è l'immagine dell'angelo, evocata dalla voce della donna, già preannunciante motivi stilnovistici:

e quando parla a gente
sì umilmente parla
che boce d' agnol par là.[22]

(vv. 236-8)

Con Beatrice la parola sarà incarnata, la metafora cederà al miracolo. La virtù beatificante della donna, che nel *Detto* è ardimento metaforico, procedente da un sensuale dettaglio:

La gola sua e 'l petto
sì chiar' è, ch' a Dio a petto
mi par esser la dia
ch' i' veggio quella Dia,

(vv. 207-10)

si farà verace beatitudine nel saluto-salute di Beatrice:

ne l'ultimo di questi die avvenne che questa mirabile donna apparve a me vestita di colore bianchissimo . . . e . . . mi salutoe molto virtuosamente, tanto che me parve allora vedere tutti li termini de la beatitudine (*Vita Nuova*, III, 1).

Rispetto alla religione cortese del *Detto*, la religione di Beatrice avrà la forza sconvolgente di un evento cristologico, che vivifica la morta lettera. Sua condizione prima sarà l'assoluta verità, e quindi storicità della vicenda, proclamata fin dall'immagine proemiale del libro della memoria, mentre indicazioni di tempo correranno lungo tutta la narrazione, rivendicandone la natura di vero accadimento. La correlazione tra l'esperienza del poeta e quella universale del cristianesimo non sarà più metaforica, ma figurale. Con Beatrice il modello eterno della vita di Cristo si rinnova nel tempo del poeta, la perfezione del numero (« questa donna fue accompagnata da questo numero del nove a dare ad intendere ch'ella era uno nove, cioè uno miracolo, la cui radice, cioè del miracolo, è solamente la mirabile Trinitade » *Vita Nuova* XXIX) sarà incarnata nella storia.

Questa conversione della metafora in verità ha per sua condizione un rinnovamento radicale nella natura dell'amore, le cui fasi

---

[22] Cfr. *Inf.*, II, 56-7: *e cominciommi a dir soave e piana, / con angelica voce, in sua favella.*

*

sono descritte nella *Vita Nuova*. Esso si risolverà in un superamento dell'eros cortese, racchiuso in un cerchio di fruizione personale, per un amore universale, dove il *medium* di Beatrice agisce per stabilire un legame con tutti gli uomini, manifestando il mistero cristiano della *charitas*.[23] Ciò porterà con sé il tramonto, nella seconda parte del libro, della « figura » del Dio d'Amore, rappresentazione della mitologia cortese, che racchiude un universo individuale, diviso dalla totalità del vivente, il quale svolge un ruolo fondamentale nella prima parte.[24]

È possibile cogliere la trasformazione avvenuta nella natura dell'amore, confrontando ad esempio gli effetti generati dall'apparizione della donna nei due testi. Se nel *Detto* essa genera una gioia che si ripiega su se stessa, ispirando un proposito di perenne soggezione:

> E *quand' ella m' appare*
> sì grande gioia mi dona,
> che lo me' cor s' adona
> a le' sempre servire,
>
> (vv. 38-41)[25]

con Beatrice l'amore personale si estingue per un atto supremo di carità:

> Dico che *quando ella apparia* da parte alcuna, per la speranza de la mirabile salute nullo nemico mi rimanea, anzi mi giugnea una fiamma di caritade, la quale mi facea perdonare a chiunque m'avesse offeso (*Vita Nuova*, XI, 1).

Il confronto col *Detto* si rivela infatti utilissimo per illuminare la rivelazione di Beatrice. Un esempio rilevante si ha nel componimento che chiude la stagione della lode, il sonetto *Vede perfettamente onne salute*, il quale descrive la superiore armonia intercorrente tra Beatrice e le altre donne, vista come instaurazione in terra

---

[23] Cadrà infatti nella *Vita Nuova* il conflitto tra amore e ragione, dando luogo ad un amore che procede secondo i dettami della ragione. Si ricordi che nel *Fiore*, tra le modalità di amore proposte da Ragione vi è quella di un amore che abbracci « il mondo tutto, / fermando in Gieso Cristo tu' credenza » (XXXIX, 3-4).

[24] Per il processo che porta dall'*amor* alla *charitas*, cfr. CH. SINGLETON, *An essay on the « Vita Nuova »*, Cambridge Massachussets, 1958, pp. 55-77.

[25] Per il primo verso, cfr. la guinizzelliana, *Tegno de folle 'mpres' a lo ver dire*, 32: *Ben è eletta gioia da vedere / quand' apare 'nfra l' altre più adorna*, oltre a Dante da Maiano, son. *La flore d' amore*, 5: *quando appare lo turbare risclaria.* Altra traccia guinizzelliana è al secondo verso: cfr. *mi dona sì gran gioia ed allegranza*, nella canzone *Madonna, il fino amor* (v. 2), citata con onore nel *De vulgari eloquentia.*

di una condizione di perfetta beatitudine.[26] La bellezza di Beatrice, per sovrabbondare di grazia divina, ha il potere di cancellare l'invidia (nefasta conseguenza di ogni perfezione) nel cuore delle altre donne:

E sua bieltate è di tanta vertute,
che nulla invidia a l' altre ne procede.

(vv. 5-6)

Ora, questa qualità della beatissima assume rilievo proprio a contrasto con la donna del *Detto*, la quale genera invidia[27] al suo passaggio:

E quando va per via,
ciascun di lei ha 'nvia
per l' andatura gente.

(vv. 233-5)

Conforme alla sua natura di iperbole, nata per interno superamento dei paragoni tradizionali, la sua bellezza possiede tratti agonistici, trionfali, eclissando la bellezza delle altre donne (cfr. v. 178: *bieltà d' ogne altre sciglia*). Anche in questo essa è simile alla donna guinizzelliana:

sovr' ogn' altra me par che dea splendore

(Son. *Vedut' ho*, 4)

Ben si pò tener alta quanto vòle,
ché la più bella donna è che si trove
ed infra l' altre par lucente sole
e falle disparer a tutte prove

(Canz. *Tegno de folle 'mpresa*, 21-4)

(e cfr. son. *Gentil donzella* 9-11, già citato).[28] Paragone di bellezza, operante in una sfera di puro valore (*per essemplo di lei bieltà si prova*), Beatrice onora invece le altre donne, riverberando su esse il suo splendore.[29]

---

26 Non a caso, dato che anche tra le schiere dei beati il diverso rifulgere della grazia coesiste con una felicità perfetta, per armonizzarsi dei loro voleri col volere divino (cfr. *Par.*, III, 64-90).

27 Tale mi sembra sia il significato di *envia* (fr. ant. *envie*). Meno probabile il senso di « brama », « cupidità », indicato alternativamente dal Parodi.

28 Queste espressioni rientrano nella figura retorica dell'*hyperoche*. Per la sua grande diffusione in Guittone, cfr. R. BAEHR, *Studien zur Rhetorik in den Rime Guittones von Arezzo*, in « Zeitschrift für Romanische Philologie », LXXIII (1957), pp. 385-8.

29 È superfluo rilevare il contrasto tra la florida bellezza della donna del *Detto*, la cui cera *non è sembiante a cera, / anz' è sì fresca e bella*... (172-3), e la stempe-

Sulle profonde differenze di stile tra le due lodi avremo modo di ritornare più avanti, quando considereremo partitamente l'organismo della lode (cap. v). Già qui però possiamo segnalare l'incorporeo sciogliersi in evento delle apparizioni di Beatrice, tutte versate infatti in azioni verbali, contro la lode del *Detto*, concepita ancora come una nomenclatura, un elenco di pregi, secondo la tradizione cortese. Così nei vv. 233-8, di cui abbiamo poco sopra citato i primi tre, si può scorgere un'anticipazione dei passaggi di Beatrice (col passare per via della donna e il suo parlare ad altri), e infatti il verso iniziale (*E quando va per via*) verrà trapiantato tale e quale nella canzone *Donne ch' avete* (v. 32),[30] ma la movenza potenzialmente stilnovistica dell'inizio si ripiega al terzo verso in un sostantivo astratto, che individua un ideale tutto fisico e mondano di grazia (*andatura gente*).

---

rata, purissima bellezza di Beatrice ridotta alla trasparenza di una perla: *Color di perle ha quasi, in forma quale / convene a donna aver, / non for misura*. È il contrasto tra il linguaggio cortese del *Detto* e il dolce stile.

30 La corrispondenza è stata segnalata dal Contini in *Stilemi*..., p. 84. Espressione identica si trova in Onesto da Bologna, *Ai lasso tapino*, 38.

III.

IL TEMPO CIRCOLARE

La forma del *Detto* appare profondamente permeata dalla religione d'Amore che ne costituisce il senso. L'esaltazione retorica che in essa si manifesta, appare asservita agli interessi teologici del poeta, sì che i procedimenti d'arte poetica tradizionali vengono trasvalutati, costretti ad una nuova resa semantica (in un'atmosfera analoga, satura di retorica e di teologia era scoccata la scintilla della poesia guinizzelliana). Il tratto più vistoso è l'equivocazione, applicata con inflessibile rigore ai distici di settenari di ascendenza brunettiana: esercizio di mistica verbale tale da oscurare gli stessi campioni del *trobar clus* guittoniano.

Per mezzo dell'equivocazione, il principio di identità sonora che è alla base della rima si estende a ritroso, fino ad investire in molti casi la maggioranza delle sillabe del verso. Una perfetta omofonia viene raggiunta non solo per tutti i bisillabi in rima, ma anche per la massima parte dei trisillabi (*omaggio*: tenut*o maggio* 7-8; *ma' sempre*: fin' *assempr' è*, 9-10; ecc.) e dei quadrisillabi (*amoroso*: *amoroso*, 11-12; *pene e 'ntenza*: *penetenza*, 59-60; *signoria*: *signo ri'ha*, 89-90; *proposato*: *pro' posat'ho*, 123-4; bianc*a e lattata*: *allattata*, 211-2; *guiderdone*: *guiderdone*, 305-6; *ben voglienza*: *benvoglienza*, 329-330; *certamente*: acc*erta mente*, 387-8; *gentemente*: *gente mente*, 411-2). Ai rari casi in cui, per questi ultimi, si sottrae all'equivocazione la sillaba iniziale della parola,[1] fanno da

[1] Ciò avviene circa diciotto volte per i trisillabi e cinque per i quadrisillabi. In qualche caso l'omofonia della prima sillaba è solo parziale come in 317-8: *e 'n cella*: *ancella*, mentre in un caso (oltre *gire*: t' *aggire* 287-8) l'omofonia si può stabilire con una minima correzione del codice (*oltra* per *oltre*). Particolare interesse assumono alcuni esempi in cui la sillaba trova sì corrispondenza nell'altro verso del distico, ma

compenso i numerosi casi in cui l'*equivocatio* si estende oltre la parola in rima:

e di colu' *fa forza*
che con piacer *fa forza*
(vv. 51-2)

d' andarne dritto *al luogo*
là dove Envia *ha lluogo*
(vv. 155-6)

ed èmmene *sì preso*
ched i' vi son *sì preso*
(vv. 203-4)

mi par esser *la dia*
ch' i' veggio quel*la Dia*;
(vv. 209-10)

ch' i' l' aggia *ben servito.*
Po' ch' e' m' eb*be inservito*
(vv. 5-6)

Amor blasma *e disfama*
e dice ch' *e'diffama.*[1 bis]
(vv. 81-2)

Appare qui che nel *Detto* l'equivocazione non interessa tanto la singola parola, quanto il sintagma e, al limite, la totalità del verso (quasi parola unica). Le prove estreme di questo prodigioso esercizio le avremo nei casi in cui cinque delle sette sillabe del verso danno suono identico:

di ciò *che tu domandi*
sanza *che tu don mandi*
(vv. 27-8)

---

in posizione ritmica mutata, confermando così il principio che l'equivocazione tende a interessare il verso nel suo insieme:

che 'l tu' cuor si' *a* lu' *fermo.*
Allor dice: « I' t' *affermo*
(vv. 25-6)

Mani *ha* lunghette e *braccia,*
e chi co llei s' *abbraccia*
(vv. 219-20)

ma tu non *m' accontasti*
unque, *ma* mi *contasti.*
(vv. 293-4; e cfr. 289-90; 341-2; 61-62; 357-8)

Normale sarà da considerare invece il tipo *forte e visto: sie avvisto* (409-10), dove l'omofonia si stabilisce con la prima delle due vocali in elisione (cfr. 185-6; 424-5).

[1 bis] Così, dei tre casi in cui entrambe le parole in rima sono dei monosillabi, solo in uno l'omofonia si limita ad una sola sillaba (119-20), mentre negli altri casi l'omofonia perfetta (*e pro*: *e pro'*, 403-4) o quasi perfetta (*ciò c'ho*: *faccia co*, 377-8) coinvolge anche la sillaba precedente.

E' non ha, *in nulla, parte*
Amor, *in nulla part' è*

(vv. 53-4)

d' ogne *bell' ordinanza*
che 'l su' *bellor dinanza.*

(vv. 393-4)

Ma anche al di fuori di questi esempi, capita spesso che all'equivocazione nel finale del verso si aggiungano giochi di omofonia tra le sue sillabe interne:

ch' i' vo' *ch'* Amor *m' alleghi,*
che che Ragion *m' alleghi*

(vv. 75-6)

di quel *fa*l*s*o *diletto,*
e *fa* che *si'* a *diletto*

(vv. 107-8)

quelli che p*o*rta in *capo*
per ch' i' a l*or* fo *capo*

(vv. 169-70)

per l' *and*atur*a gente*;
e qu*and*o parla *a gente*

(vv. 235-6)

e d*anza a* suon di *vento*
s*anz'* *a*ver mai *avento*

(vv. 341-2); ecc.

Fino alla possibilità di una vera e propria equivocazione interna, che corrisponde a quella finale:

Chi 'l *cheta* come *dee,*
sì ac*chita* ciò ch' *e' dee*

(vv. 395-6)

non ti *pesi* il *cantare*
quanto *pesa* un *cantare.*

(vv. 418-9)

Mentre accade sovente che una stessa unità verbale (specie particelle pronominali o avverbiali), venga ripresa nei due versi del distico, rafforzando il parallelismo sonoro:[2]

Amor non *vuol logaggio,*
ma e' *vuol* ben *lo gaggio*

(vv. 23-4)

[2] Va detto tuttavia che questo tipo di corrispondenze differisce dalle precedenti perché qui l'identità di suono comporta anche identità di significato: esse avranno anzi un ruolo importante nel garantire un buon funzionamento del senso.

a *le'* sempre *servire*;
e di *le'* vo' *serv' ire*,
tant' ha in *le'* piacimento

(vv. 41-3)

Unque Assessino al Veglio
non fu già *mai* sì *presto*,
né a Dio *mai* il *Presto*

(vv. 260-2)

ciascun le ren gli *torna*
e *ciascun* se ne *torna*

(vv. 359-60)

o s' i' miro in guardare,
a *lui* se *non*, *ciò c' ho*,
di *lui non* faccia *co*.

(vv. 376-8; e cfr. 113-4; 129-30; 227-8; 267-8; 303-4; ecc.)

Ad arricchire il gioco sonoro concorrono poi altri fenomeni, come l'allitterazione (*a le' sempre servire*, 41; *di lei il me' cor sicur ha*, 77; *perch' i', per le', certan ho*, 84; *or mi rispondi e dì*, 119; *sì come a me mi membra*, 166; *già mai mal non ha gotta*, 221; *e corri e sali e salta*, 423; e cfr. 75-76 già citato), o i giochi etimologici e paronomastici, tra cui quelli tradizionali sul nome di Amore:

a ciascun *amoroso*,
sin c'*Amor amoroso*
no gli sia nella fine

(vv. 11-3)

Amor nessun non vaglia,
ma ciascun vuole ed *ama*,
chi di lui ben s' *inama*[3]

(vv. 48-50; cfr. anche vv. 54-8)

Tu mi vuo' trar d' *amare*
e dì c'*Amor amar è*[4]

(vv. 141-2)

(vedi inoltre 27-9; 119-22; 129-35; 145-6; 153-6; 236-8; 279-81).

[3] Il verbo *inamare* significa letteralmente « abboccare all'amo », ed è usato spesso nella lirica prestilnovistica per indicare l'unione amorosa (cfr. DANTE DA MAIANO, *Uno amoroso e fin considerare*, 10-11: « l' amorosa gioia che mi inama / de l' amo dolze che move d' Amore »; GUITTONE, *Messer Petro da Massa legato*, 36-7 « Valore è quello che core ad amar chiama, / prende, laccia e innama ». Tale uso del verbo trae origine dall'etimologia della parola *amor* da *hamus*, data da Andrea Cappellano « Dicitur autem amor ab amo verbo, quod significat capere vel capi. Nam qui amat, captus est cupidinis vinculis aliumque desiderat suo capere hamo » (*De Amore*, I, III).

[4] Il bisticcio è particolarmente caro a Guittone: *amaro amore* (*Tutto 'l dolor*, 15); *Amore, Amor, più che veneno amaro* (*ib.*, 77); *ned amar grand' è amaro* (*O vera vertù*, 6); cfr. R. BAEHR, *Studien zur Rhetorik in den Rime Guittones von Arezzo*, cit., 397.

Analoghe figure di suono possono legare tra loro coppie di rime successive:

Non ti truovi di letto
mattino a qualche *canto.*
Se tu sai alcun *canto,*
non ti pesi il *cantare*
quanto pesa un *cantare*

(vv. 414-8)

e ben seria foll'ore
quand' io il pensasse *punto,*
Ma Amor l' ha sì a *punto*
nella mia mente *pinta,*
ch' i' la mi veggio *pinta*
nel cor, s'i' dormo o veglio

(vv. 254-9) [5]

(cfr. anche 41-6; 71-6, dove le coppie legate da paronomasia sono distanziate di un distico).[6] Frequente è anche l'anafora, su cui vengono costruiti periodi riccamente membrati, dove un'idea unica si rifrange in una pluralità di enunciati: *sanz' Amor . . . sanz' Amor . . . sanz' Amor*, 148-53 cit. a p. 6; *E quando . . . e quando . . . quando . . .*, 233-243; *E dice, s'i' . . . o s'i' . . . o sed i' . . . o s'i' . . . e dice . . .*, 369-380. Ma corrispondenze di tipo anaforico si stabiliscono anche su più vasti spazi compositivi, come apparirà ad un'analisi del brano della lode (cfr. pag. 67), nel quale uno stesso inizio (*per ch' i'*) ricorre ben cinque volte.[7]

Un uso così coerente dell'equivocazione, con altre figure di suono ad essa connesse, non si potrà interpretare come pura esibizione di abilità formale. Nella temperie teologica del *Detto*, l'equivocazione

---

Per un'ampia documentazione in testi poetici del Duecento, cfr. *Il Mare Amoroso*, a c. di E. Vuolo, cit., 60 e 234-5.

Ai giochi sul nome di Amore rispondono quelli sul nome di Ragione: *È la ragion dannata, / per ch' i't'ho per dannata*, 135-6 (e cfr. 129-131), fino all'ossimoro del v. 160, dove il poeta accusa Ragione di essere dissennata (*sì poco in te senn' ave*).

5 Citerei qui anche la corrispondenza tra *punger* del v. 411 e *pongan* al v. 413, in identica posizione ritmica all'interno del verso.

6 Tra distici vicini potrà aversi anche rima, come in 299-304 (*prenda*: *imprenda*; *renda*: *renda*). In 265-270 la coppia di rime con cui si apre il periodo (*pietanza*: *pietanza*) consuona con quella finale (*valenza*: *Valenza*), con calcolato effetto di circolarità.

7 Corrispondenze analoghe si hanno anche nel brano dei comandamenti, anch'essi concepiti come una rassegna, un'elencazione, ma qui l'anafora andrà congiunta con un proposito di *variatio.* Così l'espressione *convien che* ricorre tre volte (404, 438, 461), ma sempre variata nella collocazione sintattica o ritmica. Cfr. anche *Se tu sai . . .* (416); *Se sai . . .* (421).

ci appare come un vivente atto di adorazione di Amore, quasi un corrispettivo, nella dimensione presente, dello scrivere, del perfezionamento ricercato dall'amante nel servizio del Dio.[8] Per mezzo dell'equivocazione la molteplicità delle forme linguistiche viene ricondotta ad esaltazione di una condizione di immobile identità. La scrittura del *Detto* ci appare appunto come la fruizione, il gaudio di questa identità, che sarà tanto più intenso, quanto più divergenti siano, per funzione grammaticale e per senso, le parole che vi partecipano.[9]

Una tendenza analoga verso l'identità si manifesta anche nel campo del significato. Il caso più elementare è quello della sinonimia, di cui un'esempio l'abbiamo già al primo verso del poemetto:

Amor sì vuole e parli
ch' i' 'n ogni guisa parli,

dove all'identità di suono tra *parli* (« gli pare ») e *parli* (prima persona di « parlare ») si aggiunge l'identità di significato tra *vuole* e *parli.* A questo iniziale si aggiungono molti altri esempi di dittologia sinonimica nel seguito del poemetto: *vuole ed ama*, 49; *pene e 'ntenza*, 59; *blasma e disfama*, 81; *corta e breve*, 94; *rispondi e dì*, 119; *bianca e lattata*, 211; ecc.[10] Ma accanto alla sinonimia vanno considerati altri procedimenti, come l'*oppositum*, figura in cui uno

---

8 Ciò è bene espresso nel prologo, dalla corrispondenza tra il presente del verso 3 (*ched i' faccia un detto*) e il passato del verso 5 (*ch' i' l' aggia ben servito*).

9 La maestria del poeta si manifesta nella rigorosa assenza di rime identiche (che sono quasi inevitabili in saggi di protratta equivocazione). Egli ha in genere cura di evitare anche il ricorrere della stessa *equivocatio*: la coppia di rime *grado*: *grado* di 63-4 è ripresa in 275-6, ma le due parole sono usate in accezioni nuove, sì che si ha di fatto un gioco di equivocazione a quattro elementi. Così per la coppia *partita*: *partita*, che è sia in 163-4 che in 205-6. Un caso di ripetizione si ha invece nella seconda parte per la coppia *calze*: *calze* (321-2 e 437-8).

Tra i procedimenti che esaltano il gioco della rima va citata la rima franta, molto comune nel *Detto* (*ma' sempre*: *fin assempr' è*, 9-10; *disira*: *disir ha*, 22-3; *serva*: *serv' ha*, 45-6; *parte*: *part' è*, 53-4; ecc.), dove l'equivocazione è arricchita dall'opposizione tra il singolo e il molteplice. Il procedimento, di ascendenza guittoniana, ricorre anche nel sonetto delle *Rime*: *Non canoscendo, amico, vostro nomo*, che, con il *Detto*, ci dà la più significativa attestazione dell'interesse del giovane Dante per gli esperimenti tecnici di Guittone. Delle rime del sonetto trova corrispondenza nel poemetto la serie *parla*: *par l' à*: *par là*: *parla* (cfr. *Dt.*, 237-8: *parla*: *par là*). La rima franta ricompare nel sonetto *I' ho veduto già senza radice*, indirizzato a Cino (*verde*: *verde*: *seguer de'*) e sarà ancora abbastanza frequente nella *Commedia*: *pur lì*: *urli* (*Inf.*, VII, 28); *Oh me*: *come* (*Inf.*, XXVIII, 123); *non ci ha*: *sconcia* (*Inf.*, XXX, 87); ecc. Cfr. il commento del Contini al verso 6 del sonetto *Non canoscendo, amico.*

10 Accennerei anche ad altri esempi di *congeries*, come le serie ternarie (158-9; 195; 385; 403 e 405; 423) e quaternarie (316-7; 320-3).

stesso concetto viene espresso prima in forma negativa, poi positiva (*non ... ma*; *non ... anzi*), i cui prestigiosi effetti di riduzione del duplice all'unità vengono così esaltati da Goffredo di Vinosalvo, che ne parla come ultima figura dell'*amplificatio*:

> Quaelibet induitur duplicem sententia formam:
> Altera propositam rem ponit et altera tollit
> Oppositam. Duplex modus in rem consonat unam
> Sicque fluunt vocum rivi duo: rivus uterque
> Confluit; exundant voces ex duplice rivo.
> Hoc sit in exemplum: *Sapiens est illa juventa*;
> *Ista iuventutis est et non forma senilis* ...
>
> (*Poetria Nova*, 669-75)

Numerosi sono nel *Detto* gli esempi di *oppositum*:

> Amor nessun non vaglia,
> ma ciascun vuole ed ama,
> chi di lui ben s' inama
>
> (vv. 48-50)

> che biado non vi grana,
> anzi perde la grana
> chiunque la vi getta
>
> (vv. 103-5)

(e vedi 67-9; 171-5; 293-4; 378-9; 440-2; 455-8), cui vanno aggiunti quelli impliciti, come questo della risposta dell'amante a Ragione (in realtà tutto l'episodio di Ragione si può ricondurre alla figura dell'*oppositum*, in quanto celebrazione di Amore attraverso il suo opposto):

> Tu mi vuo' trar d' amare
> e dì c' Amor amar è:
> i' 'l truova' dolce e fine ...
>
> (vv. 141-3)

Un altro esempio di immobilità del significato lo abbiamo nel principio del poemetto, dove, come abbiamo accennato in precedenza, la stessa idea della giustizia di Amore, che remunera equamente i suoi fedeli, viene via via ripresa in successivi enunciati, pressoché identici nel senso anche se mutati nell'espressione linguistica (cfr. 17-31; 48-52; 57-65; in quest'ultimo caso l'immobilità del senso si esprime in una circolarità di costrutto, per cui all'espressione *a chi l'amor non livera* del v. 58 risponde verso la fine del periodo quella *a chi a lu' s'accomanda*).[11] Si tratta di una *interpretatio*, prima figura dell'amplificazione, così descritta da Goffredo di Vinosalvo:

> sententia cum sit
> Unica, non uno veniat contenta paratu,
> Sed variet vestes et mutatoria sumat;
> Sub verbis aliis praesumpta resume; repone
> Pluribus in clausis unum; multiplice forma
> Dissimuletur idem; varius sis et tamen idem.
>
> (*Poetria Nova*, 220-5)

Ma a ben guardare una fondamentale fissità del senso si esprime anche nei procedimenti di elencazione, di rassegna, su cui sono costruiti interi episodi, come la descrizione della donna (la *descriptio* era anch'essa classificata, come è noto, tra i procedimenti aplificatorii) o i comandamenti di Amore, in cui un oggetto unico viene svolto nella molteplicità delle parti che lo compongono.

In realtà il convergere della pluralità nell'unità si pone come fondamento dell'intera vicenda amorosa del *Detto*. Nel principio dell'opera, subito dopo il prologo, il poeta dichiara di essersi sempre mantenuto fedele ad Amore e che continuerà ad esserlo in futuro, sì che nelle varie manifestazioni della sua storia si rifrange una condizione unica di fedeltà al Dio. Segue subito l'esposizione del valore esemplare della vicenda, che si pone come paradigma di perfetto servire, valido per ciascun fedele:

> Po' ch' e' m' ebbe inservito
> e ch' i' gli feci omaggio,
> i' l' ho tenuto maggio
> e terrò già ma' sempre;
> e questo, fin' assempr' è
> a ciascun amoroso,
> sin c' Amor amoroso
> no gli sia ne la fine.
>
> (vv. 6-13)

Nel *Detto* la storia perde infatti il carattere progressivo e dialettico che essa aveva nel *Roman de la Rose*. Come lo scorrevole distico del

---

[11] Analoga circolarità si presenta anche in concomitanza con l'*oppositum*; cfr. 171-6, dove la fine del periodo (*tant' ha piacente affare*) si ricollega al principio (*La sua piacente cera*).

romanzo si fissa, solidifica nella speculare simmetria della rima, così il racconto viene trasposto su un piano paradigmatico. Uno sguardo alla struttura del poema mostra che l'itinerario dell'io è racchiuso in un cerchio, che rappresenta la regola di Amore, la norma immutabile che lo delimita. Dopo aver dichiarato il valore esemplare della sua storia, il poeta passa ad esporre i principî della religione di Amore, da cui fa procedere il suo atto individuale di fede. Così è dal principio della giustizia del Dio che procede, attraverso nesso causale, l'adorazione del poeta:

Ed egli è sì cortese
che chi gli sta cortese
od a man giunte avante,
esso sì 'l mette avante
di ciò ched e' disira,
e di tutto il disir ha.
. . . .
Per ch' i' a lui m' adoro
come leal amante.

(vv. 17-33)

E da considerazioni analoghe trae alimento la sua speranza:

Amor nessun non vaglia,
ma ciascun vuole ed ama,
chi di lui ben s'inama,
e di colu' fa forza
che con piacer fa forza.
E' non ha, in nulla, parte
Amor, in nulla part' è
ch' e' non sia tutto presto
a fine amante presto.
. . . .
Per ch' i' già non dispero,
ma ciaschedun dì spero
merzé.

(vv. 48-69)

Da un confronto col *Roman de la Rose*, risulta che l'alternanza tra queste due forme di enunciazione (una assoluta e una personale) corrisponde al dialogo tra l'amante e Amore nel principio del romanzo, solo che al rapporto orizzontale del dialogo si sostituisce la comunicazione verticale, teologica, di due « voci » (cfr. *Detto*, 23-5 e

Rose, 1996-8; *Detto*, 51-2 e *Rose*, 1887-92; *Detto*, 63-4 e *Rose*, 2025-6).

Il seguito del poemetto narra le alterne vicende dell'io, che nel suo amoroso peregrinare si confronterà con le tentazioni della ragione e della ricchezza, uscendone infine vittorioso e rinsaldato nella sua fede primitiva. Solo al termine di questo tragitto di prova e perfezionamento riapparirà un tipo di enunciazione assoluta in tutto simile a quelli iniziali. Il passaggio è mediato dai vv. 369-83, in cui il poeta ricapitola la sua storia, estraendone un significato universalmente valido:

E dice, s' i' balestro
se non col su' balestro,
o s' i' credo a Ragione
di nulla sua ragione
ch' ella mi dica o punga,
o sed i' metto in punga
ricchezza per guardare,
o s'i' miro in guardare,
a lui se non, ciò c' ho,
di lui non faccia co;
ma mi getta di taglia,
e dice che 'n sua taglia
i' non prenda ma' soldo,
per livra né per soldo
ched i' già ma' gli doni.

Riassunta nella prospettiva di Amore (che è appunto il soggetto di *dice*), la storia si risolve in un puro elenco di ipotesi, mentre l'io esalta al massimo la sua impersonalità.[12] Subito dopo il poeta pas-

---

[12] L'elencazione sembra modellata sul brano del *Tesoretto* in cui Brunetto, macchiatosi dell'esperienza mondana dell'amore, si purifica dei suoi peccati, elencando all'amico le molte occasioni che l'uomo ha di peccare:

Ma pensati davanti
se per modo d' orgoglio
enfiaste unque lo scoglio...
o se ti se' vantato...
o se tra le persone
vai movendo tencione...
o se t' insuperbisti
o in greco salisti
per caldo di ricchezza...

(vv. 2564 ss.)

Dal confronto appare la sostanziale identità tra l'*io* del *Detto* e il *tu* didattico di Brunetto.

serà ad esporre direttamente la volontà di Amore, senza la mediazione di un *verbum dicendi*, come per identificarsi della sua voce con quella del Dio (è qui infatti che si espongono le condizioni per « inanimarsi » con lui):

Amor vuol questi doni:
corpo e avere e anima,
e con colui s' inanima,
chi gliel' da certamente...

(vv. 384 ss),

passando infine ad enunciare i comandamenti d'Amore, con cui l'opera si chiude.

Il confronto col *Roman de la Rose* dà a questo punto risultati sorprendenti: questi comandamenti sono dettati da Amore in quello stesso dialogo (1884-2764) che abbiamo visto rispecchiato nel principio del poemetto. Così la fine si ricongiunge al principio, piegando la storia nella perfetta curvatura di un circolo.[13] Anche nel testo francese, proprio dopo l'episodio di Ricchezza, Amore interveniva una seconda volta, chiedendo all'amante un resoconto del suo operato (10307 ss.). Ma se quivi la seconda venuta di Amore dava il via alla guerra e alla conquista del castello, nel *Detto* essa viene utilizzata per chiudere il poema in un cerchio teologico. Si ricorderanno infatti le parole con cui nella *Vita Nuova* Amore esprime gli attributi della sua divinità, cioè il suo essere al di sopra dei tempi, della varietà degli eventi:

Ego tanquam centrum circuli, cui simili modo se habent circunferentie partes; tu autem non sic.[14]

---

[13] La circolarità tra il principio e la fine è perfetta. I comandamenti completano i dogmi iniziali, fornendo le norme il cui adempimento assicurerà al fedele la grazia del Dio. Mentre, viceversa, le enunciazioni assolute dell'inizio presuppongono la fine dell'itinerario attraverso cui il protagonista è divenuto « portavoce » di Amore.

[14] Per un'interpretazione del passo, cfr. CH. SINGLETON, *An essay on the « Vita Nuova »*, Cambridge, Mass., 1949, 17: « And Love is a God and as such may be said to be as the center of a circle in that he is able to see all points on the line of time, past, present, and future, as if they were points on the circumference of a circle and hence all equidistant from him », con le utili precisazioni di Domenico De Robertis (*Il libro della « Vita Nuova »*, Firenze, 1970, 69): « Ma è pur verosimile che l'immagine del cerchio adombrasse il concetto della perfezione (come indifferenziata coerenza, come assoluta similitudine) dell'idea rispetto alla approssimatività e dissimilitudine e, per così dire, dissimmetria dell'operare umano, moventesi non in ordine al suo principio, ma secondo direzioni avventurose ed occasionali. E non escluderei che il rapporto ivi formulato (« ... cui simili modo se habent circumferentie partes ») racchiudesse un invito a ristabilire quella intima « proportio », a riconformare ciascuna parte al tutto ».

Il perfetto servire del poeta trova espressione nella conformità tra il principio e la fine della sua storia. In quanto partecipe dell'indivisibile unità del Dio, la durata temporale di questa viene come a « perdersi ».

Il lettore ricorderà forse l'uso che Dante farà di figure circolari nell'ultima cantica della *Commedia*, dove l'accesso del poeta all'Empireo, cioè la sua uscita fuori del tempo troverà rappresentazione nella fiumana di luce « di sua lunghezza divenuta tonda » (*Par.*, XXX 89-90). Anche qui la circolarità dell'eterno è raffigurata nella struttura della cantica, la quale prende infatti l'avvio dall'Empireo (*Nel ciel che più de la sua luce prende*), cioè dal termine del viaggio,[15] generando al suo interno il senso di un tempo curvo, dove la progressione dell'itinerario celeste tende a svanire nella perennità della gloria.[16]

Tornando al *Detto*, l'intenzione di trascendere la finitudine del tempo trova espressione in una figura (riconducibile al polittoto), in cui la forma passata di un verbo (in un caso presente), si con-

---

15 Per illustrare i prestigiosi effetti che si possono ottenere attraverso un'anticipazione della fine, è opportuno citare il passo della *Poetria Nova* in cui Goffredo parla dell'esordio artificiale:

> Ante fores operis thematis pars ordine prima
> expectet: finis, praecursor idoneus, intret
> Primus et anticipet sedem, quasi dignior hospes
> Et tanquam dominus. Finem natura locavit
> Ordine postremum, sed ei veneratio defert
> Artis et assumens humilem supportat in altum.
> Primus apex operis non solum fulget ab ipso
> Fine, sed ipsius duplex est gloria: finis
> Thematis et medium. Trahit ars ab utroque facetum
> Principium, *ludit quasi quaedam praestigiatrix,*
> *Et facit ut fiat res postera prima, futura*
> *Praesens, transversa directa, remota propinqua*;
> Rustica sic fiunt urbana, vetusta novella,
> Publica privata, nigra candida, vilia cara.

(vv. 112-125)

16 Strutture circolari o simmetriche saranno del resto comuni per rappresentare la perfezione del divino, come in questa terzina che descrive la centralità dell'incarnazione rispetto alla totalità dei tempi:

> Né tra l' ultima notte e 'l primo die
> sì alto o sì magnifico processo,
> o per l' una o per l' altra, fu o fie,

(*Par.*, VII, 112-4)

o in questa celebre definizione della Trinità:

> Quell' uno e due e tre che sempre vive
> e regna sempre in tre e 'n due e 'n uno,
> non circunscritto, e tutto circunscrive.

(*Par.*, XIV, 28-30)

giunge in inscindibile unità sintattica con quella futura. All'esempio già citato dai versi introduttivi (*ho tenuto ... e terrò*, 8-9) se ne aggiungono altri, nella prima parte del poemetto, sempre con riferimento alla fede amorosa del poeta: *né fu' né fia di essa* [Ragione] (80); *perch' i't'ho per dannata / ed ebbi* (136-7); mentre in un caso l'identità di passato e futuro viene esplicitamente collegata a quella di principio e fine: *e su' comincio e fine / mi piacque e piacerà* (144-5). Ma non meno significativa è un'altra circostanza: nella maggior parte dei casi Dante sostituisce ai tempi storici del *Roman de la Rose* un presente acronico, coincidente con il tempo della scrittura, sì che i singoli momenti della storia paiono proiettati in un tempo immobile, in cui essi si fanno compresenti. Solo in due casi affiorano frammenti di un tempo storico (passato remoto), dapprima nell'episodio di Ragione (125-9), poi in quello di Ricchezza (285-9). Osserviamo il primo episodio. Ragione viene dapprima introdotta al presente, come le fasi anteriori della vicenda:

> ch' i' vo' ch' Amor m' alleghi,
> che che Ragion m' alleghi:
> di lei il me' cor sicur ha,
> né più di lei non cura;
> ella si fa diessa:
> né fu' né fia di essa!
> Amor blasma e disfama
> e dice ch' e' diffama,
> ma non del mi', certano;
> perch' i', per le', certan ho
> che ciaschedun s' abbatte:
> me' ched Amor sa, batte.
> Ed a me dice: « Folle . . .
>
> (vv. 75 ss.)

Ma la chiusa del discorso e la replica dell'amante si pongono al passato:

> E quand' i' ebbi intesa
> Ragion, ch' è stata intesa
> a trarmi de la regola
> d' Amor, che 'l mondo regola,
> i' le dissi: « Ragione . . .
>
> (vv. 125-9)

*

Mentre alla fine della sua replica, nel distogliersi, con una *transitio*, da Ragione, il poeta si riimmerge interamente nel presente, nel puro atto lodante:

Addio, ched i' mi torno,
e fine amante torno
per devisar partita
com' ella è ben partita
e di cors e di membra,
sì come a me mi membra.

(vv. 161-6)[17]

Si stabilisce così nel brano un'inquietante ambivalenza tra passato e presente, che sembra prendersi gioco della modalità grammaticale del tempo. Coesistono in esso, con paradosso che possiamo ben dire teologico, una dimensione acronica, coincidente col tempo della scrittura, ed una storica, rappresentata dalla trama degli eventi. Non sarà un caso che il passato affiori proprio in episodi (Ragione e Ricchezza), che indicano uno sbandamento del poeta dalla via di Amore, in cui si manifesta la sua fragilità di essere che è nel tempo (e perciò mutabile), mentre, ristabilitasi l'armonia con Amore, il poeta torna ad immergersi nel presente lodante.

Il prevalere del tempo del discorso su quello della storia comporta anche un predominare delle categorie logiche su quelle cronologiche. Si intravede nel *Detto* una successione di eventi che rispecchia, pur con grandi lacune, la sequenza del *Roman de la Rose*: anch'essa si inizia con l'entrata del poeta al servizio di Amore (6 ss.)

---

[17] Un passaggio analogo si ha nel *Tesoretto,* quando Brunetto, dopo l'esperienza mondana dell'amore, decide di interrompere il viaggio per dare espressione al proprio pentimento:

Ma troppo gran paura
ed afanno e dolore
di persona e di core
m' avenne quel vïaggio:
ond' io pensato m' aggio,
anzi ch' io passi avanti,
a Dio ed a li santi
tornar divotamente.

(*Tes.*, 2396 ss.)

Anche qui la transizione di argomento coincide con una temporale. In Brunetto si tratta di esorcizzare un momento passato di perdizione attraverso l'esercizio di una parola penitente, collocata nel presente: situazione inversa a quella del *Detto*, dove il poeta si discosta da Ragione, per riaffermare la sua fede in amore attraverso l'atto della lode. Si ricordi che proprio sui precetti esposti nell'intervallo purgatoriale del *Tesoretto* appaiono modellati i principi di *Dt.*, 369 ss. (cfr. p. 40 n. 12). Sembra quindi di assistere a un sistematico rovesciamento dall'ethos cristiano di Brunetto alla religione d'amore.

e si continua con l'esperienza del « travaglio » amoroso (67 ss.), le tentazioni di Ragione e la ferma risposta del poeta (75 ss.). Resta al di fuori del racconto originario l'episodio della lode, ma subito dopo il prospettarsi di ostacoli di natura sociale (Gelosia), e il tentativo di aggirarli con l'aiuto di Ricchezza (271 ss.) ci riportano ancora al seguito del romanzo (faranno nuovamente eccezione i comandamenti di Amore che, come abbiamo visto, erano impartiti dal Dio nel principio del romanzo). Ma quelli che nel testo francese erano episodi inseriti in una progressione cronologica, diventano nel *Detto* momenti logici, maglie di una catena discorsiva governata dalla più rigorosa deduzione. Così ad esempio Gelosia, che nel romanzo entrava in azione a seguito dell'intervento di Malabocca, si collega nel *Detto* al pensiero della donna, che richiama gli ostacoli opposti all'amore del poeta:

E s' io in lei pietanza
truov'o d' una pietanza
del su' amor son contento,
i' sarò più contento,
per la sua gran valenza,
che s' io avesse Valenza.
Se Gelosia ha 'n sé gina
di tormene segina,
lo Dio d' amor mi mente.

(vv. 265-73)

E subito dopo Ricchezza, che nel romanzo era introdotta dai consigli di Amico, compare come alternativa logica alla difficile via di Amore. Si determina così il senso di un concatenamento necessario, non casuale degli eventi. Il tempo si rivela intrinsecamente logico.

Per questa intrinseca logicità della storia, l'itinerario dell'io può coesistere con una struttura da trattato. L'accenno a Gelosia che abbiamo appena citato divide l'opera in due parti, la prima delle quali tratta di Amore nelle sue disposizioni psicologiche, la seconda ne considera gli aspetti sociali e materiali. Un gioco sottile di corrispondenze corre tra le due parti. Così all'episodio di Ragione nella prima corrisponde nella seconda quello di Ricchezza, che rappresentano rispettivamente un ordine di preclusioni interne ed esterne (in rapporto ai beni materiali) dell'amore. Né mancano puntuali rispondenze tra i discorsi delle due dee: cfr. ad esempio la raccomandazione di Ragione: *Per Dio, or te ne getta / di quel falso diletto, / e fa che si' a diletto / del mi'* (106-9) con quella di Ricchezza: *per*

Dio, guarda 'n fall' ito / non sia ciò ch'i' t'ho detto! / E sie con meco addetto (326-8; e cfr. 114-8 con 343-8). Dopo l'episodio di Ragione il poeta passerà alla celebrazione della donna; analogamente dopo Ricchezza passerà ad esporre i comandamenti d'Amore, che con la lode corispondono fin nella struttura nomenclatoria, d'elenco. Se la prima narra il perfezionamento dell'amante per mezzo della donna (ai vv. 216-8 egli dichiara esplicitamente di aver appreso « tutto 'l dritto / c' Amor usa in sua corte, / che non v' ha legge corte »), i secondi prescrivono le norme per il perfezionamento dei fedeli: all'*io* lirico si contrappone il *tu* didattico, ad una vicenda individuale una rappresentazione corale, in cui il rapporto tra l'amante e la donna è mediato da un pubblico (cfr. ad es. 430-2), dalla partecipazione ad un costume sociale. Anche qui sussistono richiami puntuali: alla professione di un amore immutabile dei vv. 246-59, risponde la prescrizione ai fedeli di non disperdere il proprio amore in più oggetti (449-458). Così tra le due parti si stabilisce un rapporto di rispecchiamento, che sembra quasi riprodurre, nella struttura complessiva del poemetto, il gioco di speculare simmetria prodotto in ogni sua parte dalla rima equivoca.[18]

È caratteristica dell'arte dantesca la stretta associazione dell'agire poetico con la riflessione sulle ragioni ideali che lo hanno mosso.[19] Il mistico esercizio del *Detto* trova la sua motivazione ideale nel proemio, in cui il poeta dichiara di eseguire la volontà di Amore, sì da apparirci come semplice esecutore, scriba del suo Signore:

Amor sì vuole e parli
ch' i' 'n ogni guisa parli
e ched i' faccia un detto,
che sia per tutto detto
ch' i' l' aggia ben servito.

(vv. 1-5)

---

18 Una corrispondenza tra il metro e la struttura complessiva si avrà anche nella *Commedia*, dove però il motivo di base non sarà più binario, ma ternario, conforme ai caratteri della teologia trinitaria. Essa è preannunciata da Beatrice, che sarà appunto *uno nove, cioè uno miracolo, la cui radice, cioè del miracolo, è solamente la mirabile Trinitade.*

19 Così, ad es., delle tre canzoni della *Vita Nuova*, due hanno un proemio che espone la causa, la destinazione e l'argomento del messaggio poetico. Cfr. il commento a *Li occhi dolenti* (*Vita Nuova*, XXXI): « La prima parte si divide in tre: ne la prima dico perché io mi muovo a dire; ne la seconda dico a cui io voglio dire; ne la terzo dico di cui voglio dire ». L'ordine rimane valido anche per il prologo del *Detto*, dove allora la causa è il volere di Amore, destinatario il pubblico dei fedeli tra cui il testo verrà fatto circolare (*un detto / che sia per tutto detto . . .*), mentre l'argomento è il perfetto servire del poeta.

Si tratta di un motivo diffuso nella tradizione cortese, il cui tratto distintivo è appunto il procedere del canto dall'impulso amoroso, la stretta compenetrazione di eros e poesia. Sarà forse ricordato in questi versi l'inizio del *Roman de la Rose*:

Or vueil cel songe rimeier,
Por voz cuers plus faire esgaier,
Qu' Amors le me prie e comande,

(vv. 31-3)

dove però Amore prega e comanda, mentre il poeta riserva a sé la volizione. Una più intima fusione del volere del poeta con quello di Amore troviamo un *incipit* siciliani come questo di Rinaldo d'Aquino:

Amor, che m' à 'n comando,
vuol ch' io degia cantare
lo mal dire e contare
che mi fa soferire,

o quest'altro di Federico II:

Poi ch' a voi piace, amore,
che eo degia trovare,
faronde mia possanza
ch' io vegna a compimento . . .

Ma Dante avrà avuto presente soprattutto la canzone di Neri Poponi, autore fiorentino appartenente alla generazione dei preguittoniani:

Poi l' Amor *vuol ch' io dica*
quanto d' onor m' à fatto
più ch' io non *ò servito,*
no 'l vo' celare mica.

Già il Contini [*Stilemi* . . . , 88] ha segnalato la possibile eco di un verso della canzone nel *Detto* (v. 260). In realtà essa sembra rappresentare un precedente importante del poemetto, essendovi ampiamente svolta la metafora della religione d'Amore. Anche la canzone inizia celebrando la soverchiante bontà e generosità di Amore (benché qui, a differenza del *Detto,* la celebrazione avvenga quando il poeta ha già visto realizzarsi il suo desiderio), e si chiude con una « divinizzazione della donna assimilata nell'ultimo verso alla Vergine in trono (« poi Maestà somiglia », v. 60) » (Folena).[20]

Il motivo troverà larghissima eco nelle altre opere di Dante, diventando il richiamo ad amore termine fisso della sua poesia, su cui ruotano tutte le successive rivoluzioni di poetica. Esso implica sempre il riconoscimento del carattere trascendente dell'ispirazione, cioè del potere creativo del Verbo. Nei diversi momenti della sua arte l'intervento del divino ispiratore si presenta tuttavia in forme diverse. Il prologo del *Detto* si mostra singolarmente vicino alla genesi della poesia *Ballata i' vo'*, descritta in quello stesso capitolo (XII), dove ricorre la citata definizione di Amore come « centrum circuli »: anche la ballata appare composta per espresso comando di Amore, apparso in sogno al poeta:

> Onde con ciò sia cosa che veracemente sia conosciuto per lei alquanto lo tuo secreto per lunga consuetudine, *voglio che tu dichi certe parole per rima*, ne le quali tu comprendi la forza che io tegno sopra te per lei, e come tu fosti suo tostamente da la tua puerizia.

Identico è inoltre l'argomento che Amore impone di cantare, cioè l'irremovibile fede del poeta nel servizio della donna.[21]

Nel rigoroso tracciato della *Vita Nuova*, che è insieme storia di una nuova concezione dell'amore, come di un nuovo credo poetico, la ballata occupa un posto intermedio tra due altri componimenti: da un lato il son. *Cavalcando l' altr' ier*, per il quale la prosa ci dice che Amore ha dato al poeta istruzioni sul modo di procedere, ma lasciando a lui la responsabilità ultima del dire (« Ma tuttavia, di queste parole ch'io t'ho ragionate *se alcuna cosa ne dicessi*, dille nel modo che per loro non si discernesse lo simulato amore che tu hai mostrato a questa e che ti converrà mostrare ad altri »), sì che il dire poetico non appare ancora dominato da assoluta necessità. Dal-

---

[20] Cfr. anche i vv. 49-54:

Sì forte mio dio siete
che d' altro paradiso
già mai non metto cura;
sovrana mi parete,
quando voi miro in viso,
d' ogn' altra criatura.

[21] Cfr. i vv. 25-8 della ballata:

Dille: « Madonna, lo suo core è stato
con sì fermata fede,
che 'n voi *servir* l' ha 'mpronto onne pensero:
tosto fu vostro, e mai non s' è smagato ».

l'altra la canzone *Donne ch' avete*, il cui verso iniziale sorgerà dall'intimo del poeta come per un divino prodigio:

> Allora dico che la mia lingua parlò quasi come per se stessa mossa, e disse: *Donne ch' avete intelletto d' amore.*

Se nella ballata l'esecuzione da parte del poeta era ancora distinta dalle istruzioni ricevute nel sonno da Amore, qui questa duplicità è infranta, per una parola interamente permeata del soffio di amore. È significativo che non vi figuri più l'ipostasi del Dio d'Amore, come se nell'assoluta aderenza all'ispirazione si fosse consumato lo spazio occupato dalla « figura ».[22] È noto che la canzone verrà poi citata da Bonagiunta in *Purg.*, XXIV, dove è formulata la poetica del dolce stil nuovo, identificando nel pieno abbandono all'ispirazione di Amore il tratto distintivo della nuova scuola:

> Ma di' s'i' veggio qui colui che fore
> trasse le nove rime, cominciando
> « Donne ch' avete intelletto d' amore ». –
> E io a lui: – I' mi son un, che quando
> Amor mi spira, noto, e a quel modo
> ch' e' ditta dentro vo significando.
> – O frate, issa vegg'io – diss' elli – il nodo
> che 'l Notaro e Guittone e me ritenne
> di qua dal dolce stil novo ch' i' odo!
> Io veggio ben come le vostre penne
> di retro al dittator sen vanno strette,
> che de le nostre certo non avvenne.
>
> (vv. 49-60)

Dove nella risposta di Dante va segnalata l'anonimia di quell'*un*, che sembra come cancellare il personaggio (è così che Bonagiunta accoglie il poeta: *colui che . . .*) per la sublime umiltà dell'ufficio.

Certo il *Detto*, come la ballata, rimane ancora di qua dal nodo che trattenne il volo poetico del Notaro, di Guittone e Bonagiunta. Come l'amore del *Detto* non ha ancora spezzato il formalismo dell'antica religione cortese, così il suo stile opera ancora con i tradizionali strumenti retorici pur orientandoli verso nuove finalità. Là dove il modellarsi della poesia sull'intima verità d'Amore porterà

---

[22] L'episodio mi sembra significativo nel processo, cui abbiamo accennato nel capitolo precedente (p. 28), che porta al tramonto dell'ipostasi di Amore nella seconda parte della *Vita Nuova.*

alla creazione di un linguaggio nuovo, i cui attributi principali saranno l'aperta vocalità e naturalezza, quasi segno dello spirare di amore, della viva presenza del Dio. I requisiti melodici del nuovo stile lo renderanno atto ad esprimere le più sottili sfumature del pensiero e del sentimento. Così nel *De vulgari eloquentia* (II, XIII), alla luce di quegli ideali, Dante condannerà, insieme ad altri artifici della rima, « ipsa inutilis equivocatio » e lo farà proprio in base ad una carenza del significato, in quanto sottrae inevitabilmente qualcosa alla pienezza del senso (« semper sententie quicquam derogare videtur »).

Tuttavia l'abdicazione del soggetto ad un volere che lo trascende, espressa nel prologo, trova piena conferma nella sostanza poetica dell'operetta. Solo che, nella religione cortese del *Detto* essa non si manifesta tanto nella fedeltà alla verità intima di amore, quanto nell'obbedienza ad una legge formale. Sarà da scorgere un'analogia tra la severa « regola » cui devono attenersi i fedeli d'Amore e il rigore dell'equivocazione cui si sottopone il poeta. Ed anzi là formula del prologo: *Amor sì vuol*, è proprio la stessa adoperata sia nel principio che nel finale del poemetto per esprimere il comandamento di Amore: *Amor non vuol logaggio* (23); *Amor vuol questi doni* (384; e cfr. 390; 392; 397): in entrambi i casi si richiede al fedele di cedere all'assoluto volere del Dio, sì da ritrovare la propria libertà nella più rigorosa necessità.[23] Se, come hanno rilevato gli studiosi, l'equivocazione del *Detto* appare pressoché immune dalle oscurità di senso e tortuosità di costrutti che caratterizzano gli esperimenti analoghi di Guittone e i suoi seguaci, la ragione andrà cercata proprio nella docilità con cui il poeta si piega alla legge, nell'armonizzarsi del suo volere con quello del Dio, sì da divenire quasi « vaso » in cui si compiono le combinazioni del significante.

---

23 Tale senso di abnegazione del soggetto è bene espresso nei comandamenti: *se tu a ciò ti rendi* (406).

IV.

LA TRADIZIONE POETICA

Dietro la ferrea legislazione formale che regge la costruzione del *Detto*, si svela, all'indagine filologica, una ricca trama di rimandi ad altri testi poetici, la cui decifrazione ci illumina sulle letture del giovane Dante, mostrandoci, più forse di ogni altra opera, gli strati più profondi della sua cultura poetica.

Come sarà già apparso dai capitoli precedenti, il *Roman de la Rose* viene rielaborato dall'interno della tradizione poetica nostrana, fornendo l'occasione per contaminare tra loro esperienze diversissime di poesia: il filone didattico di Brunetto da un lato, l'alta lirica d'arte dall'altro. Da queste sintesi nascerà un organismo che possiede caratteristiche nuove, riunendo in sé tratti lirici e didattici, narrativi e drammatici, sì da prefigurare remotamente il *genus mixtum* della *Commedia*.

Tra gli autori italiani una priorità ideale spetterà a Brunetto, il cui ruolo di « maestro » per eccellenza di Dante riceve piena luce dal *Detto*. Secondo l'ipotesi di un illustre dantista,[1] è probabile che all'iniziativa culturale del Latini si debba la diffusione a Firenze del *Roman de la Rose*, e forse da lui Dante ebbe il suggerimento per una rielaborazione del romanzo. L'adozione del metro in cui furono composti il *Tesoretto* e il *Favolello* (coppie di settenari a rime baciate), appare come un esplicito omaggio, il segno di una profonda consonanza. Già abbiamo visto (cap. I), come la stessa concezione dell'amore sembri influenzata dall'ispirazione mondana e cittadina di Brunetto. Non meno importante è l'influsso di Brunetto maestro

[1] Francesco Mazzoni, in *Brunetto in Dante*, pubblicato come introduzione all'edizione del *Tesoretto* e del *Favolello* dall'editore Tallone (Firenze, 1967). È un eccellente studio sull'influsso di Brunetto nell'opera di Dante, dove però non vengono considerati il *Detto* e il *Fiore*. Per l'influsso di Brunetto nella *Vita Nuova*, cfr. anche D. De Robertis, *Il libro della « Vita Nuova »*, cit., 208-229 e *passim*.

di retorica. Nel *Detto*, come poi nel *Fiore*, i principi dell'oratoria brunettiana vengono applicati ai taciti conflitti che si agitano nel foro interiore. In realtà proprio qui, dove la parola diventa maestra delle nostre scelte, sembra dispiegarsi in pieno il potere, quasi illimitato, che Brunetto attribuisce alla retorica.[2]

Il contrasto tra il poeta e Ragione si può considerare come un esempio di « quistione », che ha per oggetto la natura di Amore:

> Et intendo che quistione è una diceria nella quale àe molte parole sie impigliate che ssine puote sostenere l' una parte e l' altra, cioè provare sì e no per atrebuti, cioè per proprietadi del fatto o della persona (*Rettorica*, 19, 4),
>
> La causa dimostrativa che non si puote partire è quella nella quale i parlieri vogliono mostrare alcuna cosa sia onesta o disonesta nominando certa persona, in questo modo: « Marco Tulio Cicero è degno di lode ». Dice l' altro: « Non è »; e di questo nasce quistione, se sia da lodare o da vituperare (*Rettorica*, 20, 8).

La perorazione che Ragione indirizza all'amante rivela un sapiente impiego dei poteri suasorii e dissuasorii della parola. L'abile scelta e disposizione degli argomenti, che assegna il momento culminante a quelli di maggior forza,[3] l'uso di un linguaggio sapido, riccamente figurato (si susseguono le metafore del suggello, dei geti, della via d'Amore, del terreno sterile, della navigazione), l'apparato di figure retoriche, dall'interrogativa retorica (87-9), all'antitesi con chiasmo (94-5), all'anafora (*Or* . . . *Or* . . . *Or*, 96, 100, 119), all'*oppositum* (103-5),[4] ne fanno un pezzo di bravura oratoria. Questa retorica consapevolezza si fa esplicita nella chiusa del discorso:

---

[2] Cfr. *Rettorica*, 17, 23: « Ma Vittorino sponendo quella parola dice che rettorica è la maggiore parte della civile scienzia; e dice " maggiore " per lo grande effetto di lei, ché certo per rettorica potemo noi muovere tutto 'l popolo, tutto 'l consiglio, il padre contra 'l figliolo, l' amico contra l' amico, e poi li rega in pace e a benevoglienza ».

[3] Cfr. *Rettorica*, 29, 2: « E dice ch' è quella scienzia per la quale noi sapemo ordinare li argomenti trovati in luogo convenevole, cioè i fermi argomenti nel principio, i deboli nel mezzo, i fermissimi, co' quali non si possa contrastare lievemente, nella fine ». Si veda anche l'ultimo capitolo del *De vulgari eloquentia* (II, XIV): « Nam cum ea que dicimus cuncta vel circa dextrum aliquid vel sinistrum canamus – ut quandoque persuasorie quandoque dissuasorie, quandoque gratulanter quandoque yronice, quandoque laudabiliter quandoque contemptive canere contingit –, que circa sinistrum sunt verba semper ad extremum festinent, et alia decenti prolixitate passim veniant ad extremum ».

[4] Tra i procedimenti che danno retorica sostenutezza al discorso andrà citato anche l'uso asseverativo di *I'dico* (90), diffuso nelle altre opere di Dante (cfr. *Vita Nuova*, XXVI, 3; XXXI, 3, ecc.).

Tu se' in gran fortuna
se non prendi buon porto
per quel ched i' t' ho porto,
ed a me non t' apprendi
e 'l mi' sermone apprendi.
Or mi rispondi e dì,
ch' egli è ancor gran dì
a farmi tua risposta;
ma non mi far ri' 'sposta
a ciò ch' i' ho proposato.
Di' tu se pro' posat' ho,

(vv. 114-24)

dove è da rilevare l'impiego di termini tecnici, come *proposare* (francesismo per « proporre »), che può ricordare l'uso di *proporre* all'inizio della *Rettorica* (1, 8):

La sua intenzione fue in questa opera dare insegnamento a colui per cui amore e' si mette a ffare questo trattato de parlare ornatamente sopra ciascuna quistione *proposta.*

La profondità dell'influsso formale di Brunetto ci è testimoniata dal costante riecheggiamento di ritmi e stilemi, specie dal *Tesoretto*, agevolato certo dalla conformità del metro. Un esempio è già nei versi di Ragione che abbiamo appena citato: *e 'l mi' sermone apprendi*, 118 (cfr. *che lo mio dire aprendi*, *Tes.*, 405); cfr. inoltre: *che mai, di mia partita, / non mi farò partita*, 205-6 (*né mai di mia partita / non ti potrei tenere*, *Tes.*, 1848-9); *Amor, se Dio mi vaglia*, 252 (*E l'om, se Dio mi vaglia*, *Tes.*, 667); *ché Povertat' è insomma / d'ogne dolor la somma*, 331-2 (*e posso dire insomma / che 'n voi, segnor, s'asomma / e compie ogne bontate*, *Tes.*, 63-5). Le colorazioni brunettiane si fanno particolarmente vivide nei comandamenti d'amore, come per lo stabilirsi di una ideale sintonia: *ché fortemente pecca*, 401 (*ché troppo pecca forte*, *Tes.*, 2733); *secondo il tu' podere*, 428 (*se 'l porta tuo podere*, *Tes.*, 1682). I precetti di Brunetto si fondono qui intimamente con quelli del *Roman de la Rose*: così nei vv. 409-11: *E se se' forte e visto, / a caval sie avvisto / di punger gentemente*, se il *punger* rimanda a *Rose*, 2195-6: *E se tu es bien a cheval / tu doiz poindre amont e aval*, l'avverbio modale, che colorisce amabilmente l'azione, sembra ricordare invece *Tesoretto*, 1803 ss.: *E se vai a cavallo, / consiglioti che vade /*

molto cortesemente: / *cavalca bellamente*; e cfr. anche *Dt.*, 440-1 (*Rose*, 2087-9) con *Tes.*, 1633-6.[5]

Del resto la stessa struttura trattatistica del componimento, che contrappone gli effetti psicologici dell'amore a quelli sociali, potrebbe rispecchiare la distribuzione della materia nel *Tesoretto*, il quale nella prima parte espone elementi di filosofia naturale, passando poi a impartire i precetti di un ordinato vivere civile. E analogie si possono cogliere nell'uso stesso fatto delle personificazioni, che, rispetto al *Roman de la Rose* appaiono nel *Detto* piuttosto « nominate » che descritte: *Ancor non t'ho nomato / un su' figliuol nomato*, 333-4 (cfr.: *e de la lor balia / io vidi quanto e come, / e so di lor lo nome*, *Tes.*, 2278-80).[6]

Tuttavia, nel rilevare queste consonanze di temi e di forme, non si può tacere il profondo contrasto che già in questi inizi contrappone Dante al Maestro. L'adozione della rima equivoca ha il significato di un gesto radicale, che sovverte le caratteristiche del rettilineo dettato brunettiano, in cui predomina la rima facile. In realtà Brunetto sembra diffidare della scrittura poetica, come se lo spessore della lettera potesse offuscare la trasparenza del sapere: è signi-

---

[5] Un'analoga corrispondenza di forme e di significati si stabilisce nel discorso di Ricchezza. L'elenco delle spese di Folle Larghezza dei vv. 315-7:

e farà gran dispensa
in sale ed in dispensa
e 'n guardarobe e 'n cella,

riprende il tema iterativo di *Rose*, 8010 ss.:

Or sui si povres devenuz,
Par les *despens* Fole Largece,
Qui m' a mis en cete destrece,
Que je n' ai, fors a grant dangier,
Ne que beivre, ne que mangier,
Ne que chaucier, ne que vestir,

ma la sostituzione dei verbi con elementi nominali sembra richiamare i precetti di Larghezza nel *Tesoretto*:

e molto m' è rubello
chi *dispende in bordello*

(vv. 1453-4)

E tegno grande scherna
chi *dispende in taverna*;
e chi in ghiottornia
si getta, o in beveria.

(vv. 1465-8)

[6] Concordanze vi sono anche nella raffigurazione degli enti allegorici. Così l'espressione *mi disse, e con mal viso* (289), riferita a Ricchezza, ricorda, per antitesi, quella: *con buon viso piacente / disse in questa manera*, detto di Larghezza in *Tes.*, 1584-5.

ficativo che nel *Tesoretto* egli esprima il proposito (non realizzato), di tralasciare la rima per il più piano volgare prosastico:

Ma perciò che la rima
si stringe a una lima
di concordar parole
come la rima vuole,
sì che molte fïate
le parole rimate
ascondon la sentenza
e mutan la 'ntendenza,
quando vorrò trattare
di cose che rimare
tenesse oscuritate,
con bella brevetate
ti parlerò per prosa,
e disporrò la cosa
parladoti in volgare,
che tu intende e apare

(*Tes.*, 411-426)

(il proposito sarà poi ribadito ai vv. 909-14; 1113-24; 2900-2). Analogamente, si potrebbe aggiungere, Brunetto diffida dell'esperienza amorosa (*Tes.*, 1843-50), in quanto la passione potrebbe turbare l'armonico ideale di vita disegnato nella sua opera. Nel mentre costruisce un universo centrato su Amore, Dante sovverte gli ideali formali del maestro, centrando la sua indagine proprio sull'aspetto significante del linguaggio, sull'alchimia dei suoni.

È qui che si innesta un'esperienza tanto lontana da quella di Brunetto qual è l'esperienza guittoniana: contaminazione ardita e feconda, che permette al metro del *Detto* di congiungere in sé la discorsività didattica del dettato brunettiano colla più chiusa organizzazione formale.[7] Come osservò il Contini, il modello dell'equivocazione del *Detto* va cercato in un gruppo di canzoni composte di tutti settenari, il cui prototipo è la guittoniana *Tuttor, s' eo veglio o dormo*. Non solo l'*incipit* della canzone è ripreso, come rileva lo studioso, in un verso del *Detto* (259), ma ci sembra che anche il

---

[7] L'entusiasmo del giovane Dante per gli esperimenti di Guittone, ci è testimoniato soprattutto dalle tenzoni col Maianese, e in particolare dal sonetto *Non canoscendo, amico, vostro nomo*. Cfr. p. 36 n. 9.

primo dei suoi due congedi sia ricordato, e precisamente nel prologo. Ecco il congedo della canzone:

> Scuro saccio che *par lo*
> mio *detto*, ma' che *parlo*
> a chi s' entend' ed ame:
> ché lo 'ngegno mio dàme
> *ch' i' me pur provi d' onne*
> *mainera*, e talento ònne.

Le riprese ritmiche (*par lo*: *parlo*; *parli*: *parli*) e lessicali (*detto* per designare il componimento), e ancor più la coincidenza tra *ch' i' me pur provi d' onne / mainera* e *ch' i' 'n ogni guisa parli* (riferentesi entrambi alla rarità del metro) fanno pensare più che a un ricordo inconscio a un aggancio intenzionale. Ma non si tarderà a riconoscere il carattere fortemente polemico della citazione, ché, se in Dante vi è il pieno riconoscimento del carattere trascendente dell'ispirazione, Guittone poggia su categorie soggettive: *ingegno*, *talento*.

Proprio in questa preclusione teologica, con i tratti di volontarismo che ne derivano alla sua poetica, andrà forse cercata la ragione più profonda della costante avversione mostrata da Dante nei confronti del poeta aretino.[8] La stessa equivocazione assume in lui motivazioni profondamente diverse che in Dante. Non segno di un conformarsi del poeta al volere di Amore, forma di un pensiero poetico, intimamente paradigmatico, essa è apprezzata anzitutto per la difficoltà che comporta, per un gusto dello scuro e del difficile esaltato appunto nel congedo.[9] All'armonia tra metro e sintassi che si celebra nel *Detto*, si contrappone in Guittone una tensione costante, che si manifesta così nelle inversioni e trasposizioni dell'ordine delle parole, come nei forti *enjambements*, anche tra parole legate da nessi grammaticali strettissimi, come tra articolo e sostantivo (*Scuro saccio che par lo / mio detto*, 61-2) o tra preposizione e complemento (*cor e bisogno da / sprovar valor e forzo*, 32-33), o tra congiunzione e verbo (*e bon sapemi, como / eo n' acquistasse Como*, 7-8; *Ciò dia saver, che, se / torn' a suo pregio magno . . .*, 20-21),[10] con un gusto

---

[8] Come s'è visto nel capitolo precedente, già qui Dante fa ricorso ai siciliani e siculo-toscani in funzione antiguittoniana.

[9] Nessun cenno di ermetismo vi è nel prologo del *Detto*, che dichiara al contrario l'universale destinazione del poemetto (*che sia per tutto detto*).

[10] I primi due tipi di *enjambements* sono assenti dal *Detto*, mentre del terzo ricorre un solo esempio, assai meno forte di quelli guittoniani: *là dove non ha for che /*

della torsione ritmica che giustifica l'interpretazione prebarocca che è stata data dalla sua poesia. Tutto ciò è conforme con l'assunto tematico della canzone, dove l'amore è esaltato non tanto per la gioia che esso può elargire, quanto per il travaglio e lo sforzo che la precede, da cui ricava sapore lo stesso piacere:

Amor già per la gioia
che 'nde vegna non laudo,
quanto per lo travaglio
ch' è per aver la gioia
ch' è tal, sua par non l' audo.

(vv. 37-41)

Poso e travaglio mésto,[11]
dato e tolto a modo,
sempre piacere è me,
e de ciascuno me sto
sì bonamente a modo,
gran pagamento è me.

(vv. 49-54)

Una nota polemica caratterizza per lo più le riprese da Guittone. Quasi tutte appartengono all'episodio di Ragione, l'antagonista del poeta del *Detto*, cui invece Guittone rende un culto particolare (la voce *ragione* ricorre otto volte nella canz. *O tu, de nome Amor*). A parte le citazioni da *Tuttor, s' eo veglio o dormo*, sono echeggiate nel *Detto* appunto le canzoni composte *ad improperium* di Amore. Come Ragione *blasma e disfama* Amore (81), così Guittone non cessa in queste canzoni di *blasmare* il dio; si ricorda in particolare il v. 4 della canz. *O tu, de nome Amor*: *s' eo blasmo te, o chi tec' ha contratto*, anche perché l'immagine del secondo emistichio richiama quella: *i' ho salda ragione / con Amor*, della risposta di Amante (130-1).[12] I versi di Ragione:

ch' è troppo corta e breve
la gioia e la noia lunga,

(vv. 94-5)

e' monti per la scala (338-9). Anche l'*enjambement* tra aggettivo e sostantivo, presente nei versi citati del congedo (*onne / mainera*) ricorre una sola volta nel *Detto*: *e pro' / salute e doni e rendi* (404-5), dove per altro non è da escludere che *pro'*, interpretato dal Parodi come aggettivo (« molti saluti »), sia invece da intendere come avverbio, come in altri casi (124 e 298).

11 « Misto ».

12 Per l'uso di *blasmare* riferito a Amore, cfr. anche *Ahi Deo, che dolorosa*, 91-2, 97, 100.

se per un verso ricordano *Rose*, 3051-2:

La poine en est desmesuree
E la joie a corte duree,

per altro verso (l'opposizione *gioia / noia*) rimandano invece alla canz. *Ahi, Deo, che dolorosa*, 85-6:[13]

Ché gioi' prometti forte,
donando adesso noia.

Mentre coi vv. 144-6:

e su' comincio e fine
mi piacque e piacerà
ché 'n sé gran piacer ha,

nel rispondere a Ragione, il poeta replica anche a Guittone (*O tu, de nome Amor*, 35 ss.):

Ché 'l principio n' è reo . . .
e 'l mezzo è reo . . .
e se bon fusse el primo, el mezzo e tutto,
la fine è pur rea: per che, destrutto
principio e mezzo, reo te solo coso.[14]

Sul modello della canzone *Tuttor, s' eo veglio o dormo* è composta una tenzone tra Galletto Pisano e Lunardo del Guallacca, di cui il primo parla ad onore di Amore, il secondo *ad improperium*. È della risposta di Lunardo che rimangono tracce sicure nel *Detto*. I vv. 25-7:

Chi vol da lor campare,
tagli la lor paroma,[15]
ch' è piena di falsia

sono ripresi nel discorso di Ragione:

Or taglia geti e lunga
da lui (. . .)

---

13 Dal v. 68 di questa canzone potrebbe venire l'espressione *far saggio* di *Dt.*, 285.

14 Si ricordi che anche per Ragione *signo ri' ha* chiunque porta il suggello di Amore (90).
Di sapore guittoniano è anche il gioco *Amor amar è* del v. 142; cfr. p. 34 n. 4.

15 « Canapo ».

Or non tener sua via
se vuo' da lu' campare,

(vv. 96 ss.)

mentre anche l'immagine successiva del porto di salvezza:

Tu se' in gran fortuna
se non prendi *buon porto,*

(vv. 114-5)

pure abbastanza diffusa, trova riscontro nella canzone (61-2):

Qual om è d' Amor preso
arrivat' è a *mal porto.*

Ma ancor più significativo è il riecheggiamento del finale della canzone:

per vista che me faccia
né per beltà di *faccia*:
piò *no* abbocco l' amo

nei versi finali del *Detto*:

Di lor più il fatto isveglia,
né ma' *per* suon di sveglia
né per servir che faccia
nol guarda dritto in *faccia.*[16]

(si badi che anche nel *Detto* si parla di una circostanza avversa all'innamoramento). Mentre poi il suo verso 13: *Se lo scritto non mente* passerà a *Fiore*, CXII, 4: *se lo scritto non erra* (cfr. *Di parecchi anni mi mentì lo scritto*, *Inf.*, XIX, 54).

Più incerte le tracce della canzone di Galletto (*Credeam' esser, lasso*), dove però vi è il germe di una descrizione femminile, di cui

---

[16] Questa circostanza (citazione del finale di un altro testo) mi fa sospettare che il poemetto non sia incompleto, come è opinione prevalente degli editori, ma che ci sia giunto nella sua forma integrale. Che, comunque, la fine non fosse lontana si deduce dall'affermazione che di poco precede: *Mi' detto ancor non fino, / ché d' un amico fino / chieder, convien ti membri* (459 ss.), dove è chiaro che il poeta si accinge a dare un ultimo precetto prima di chiudere l'opera.

Quanto alla lacuna dopo il verso 360 (dove, a quanto pare, almeno un foglio del codice, corrispondente a 120 versi, è andato perduto), non si ha ragione di credere che essa sia troppo ampia: si sarà completato l'episodio di Ricchezza, senza aggiungerne di nuovi, dato che con esso si chiude la ricapitolazione dei vv. 361 ss. Cfr. anche Luigi Foscolo Benedetto, *Il « Roman de la Rose » e la letteratura italiana*, Halle, 1910, pp. 119-120.

potrebbe serbarsi qualche ricordo in quella del *Detto*. Si veda ad es. l'affinità della scansione ritmico-sintattica dei vv. 19-20:

Le man vostre e la gola
cogli occhi mi dàn gola

con quella dei vv. 177-8 del *Detto*:

La sua fronte e le ciglia
bieltà d' ogni altre sciglia.

Di qui (vv. 14-17) potrebbe venire l'equivocazione su *cera* dei vv. 171-2.[17]

Solo indirettamente invece, attraverso il *Fiore*, si può postulare che Dante abbia conosciuto la canzone *Di dir già più non celo* di Panuccio del Bagno, costruita sullo stesso modello metrico; cfr. *Fiore*, XXXV, 6: *e disse*: *Tu se' corso* (: *soccorso*) con il v. 52 della canzone: *rispondo*: *Sì son corso* (: *soccorso*).

Ma tra i seguaci di Guittone particolarmente importante è l'influsso di Monte, che la sperimentazione del maestro aretino ha svolto in forme profondamente originali. L'*incipit* della canzone *Ancor di dire non fino* si conserva in un verso del *Detto*: *Mi' detto ancor non fino* (459). Mentre in *Dt.*, 87-8:

Ed a me dice: Folle,
perché così t' affolle

si rispecchia un distico della canzone *Ai me lasso, perchè a figura d' omo* (134-5):

. . . diciendo: folle,
Perché ti pur affolle.

Entrambe le canzoni sono tra i componimenti composti da Monte in occasione del disastro finanziario accorsogli, dove egli esprime il suo credo materialistico: il prevalere del denaro su ogni ordine di valori. Motivo profondamente radicato nella tradizione medievale, ma che acquistava nuova attualità dai profondi rivolgimenti sociali ed economici che si stavano verificando in Toscana in quegli anni. Non si tarderà a scorgere analogie con l'episodio di Ricchezza: comune è

---

17 Una traccia di essa potrebbe esservi in *Fiore*, LXXVII, 10: *passat' ha un anno* (cfr. *trapassat' è piò d' anno* al v. 6 della canzone).

il riconoscimento del potere travolgente del denaro e la deplorazione della povertà vista come somma di tutti i mali:

Kui fere povertade de' suoi dardi
Come lo foco quando bene avampa,
Così lo spengne che fior nol gli campa
Di vertudioso bene onde s' apaghi.
Qual più vuol, corra che non giunga tardi
Nel socorso, se povertà l' à 'n grembo.
E dico più di lui à solo il lembo
Fuore di sè e de' diletti vaghi.

(*Tanto m' abonda*, 91 ss.)

Nom poria dir com povertà traripa:
Ben è folle chi le po' star da lunga,
Di guisa che nol punga,
E pur conducie sè ch' essa lo giunga;
Per viver poi al' altrui mercié
Serv'è de servi chi così si scipa.

(*Ancor di dire non fino*, 131 ss.)[18]

(cfr. *Dt.*, 331-2 e 349-360).[19] Ma la soluzione dantesca sarà proprio antitetica a quella di Monte, opponendo al di lui materialismo il credo di Amore, sede di ogni valore.

Specialmente importante appare la lezione formale di Monte, per l'uso vigorosamente plastico dei simboli, la concentrazione di energia nelle parole rima, tratti che ne fanno un importante tramite al Dante petroso.[20]

---

[18] In assenza di un'edizione critica di Monte, i testi sono citati da *Le antiche rime volgari*, a c. di A. D'Ancona e D. Comparetti, vol. iii, Bologna, 1884.

[19] Non forti sono i riscontri linguistici. Citiamo tuttavia l'uso del verbo « pungere », riferito alle ferite inflitte dalla povertà, con rovesciamento rispetto al più comune ambito amoroso (per il quale cfr. anche il sonetto di Dante *Com più vi fere Amor*, v. 10, sempre con equivocazione su *punto*): *e mettelo a tal punto / ch' a vederlo par punto* (355-6), dove sembra esservi l'eco del v. 71 di *Ai me lasso, perché a figura d'omo*: *Ma di tal dardo punto* (: *punto*). Anche il verso *Tal è 'l tesoro ch' io porto in mia punga* della canzone *Più soferir nom posso* (109) potrebbe essere ricordato in: *o sed i' metto in punga* (*Dt.*, 374). Per la voce *punga*, cfr. anche Cecco, *Ogne mio 'ntendimento* 11: *a ch' i'dena' mi trarrà de la punga.*

[20] È noto che la rima *squatra*: *latra* ai vv. 81-2 della canzone *Tanto m' abonda* ricorre nella petrosa *Così nel mio parlar* (54-58). Va detto tuttavia che lo stile di Monte non va mai esente da certo offuscamento elegiaco, già implicito nella nozione della poesia come sfogo (cfr. il prologo di *Ancor di dire non fino*: « Rispondo: perché 'n ciò dire son vago: / Ch' alora alquanto mia volontà sfoga, / Come 'l fantin quando à contrado e piangna, / Che pare se langna / Secondo vista, pur assai li giovi »), che lo allontana dalle ragioni dantesche (l'assoluto dell'ispirazione), venandolo di psicologismo.

Il quadro della cultura italiana del *Detto* si completa con l'indicazione, da un lato, degli influssi siciliani, più profondi qui che nelle altre opere di Dante, come rileva il Contini, che allo studio del fenomeno ha dedicato l'articolo più volte citato in queste pagine (*Stilemi*...); dall'altro del magistero guinizzelliano, che ci è parso fondamentale soprattutto per la tematica della lode (cfr. cap. II). Il quadro così disegnato appare mirabilmente conforme alla cultura di un giovane Dante, non ancora fermamente attratto nell'orbita cavalcantiana.[21] Accanto a nomi minori, vi troviamo quelli di paternità poi per varie ragioni negate (Guittone) o passate sotto silenzio (Monte), o invece riverite e amate anche nella maturità della sua arte (i Siciliani, e il primo Guido, e Brunetto).

A questi reperti vanno aggiunti naturalmente quelli attinenti al *Roman de la Rose*, l'intimità dei rapporti col quale è manifestata dalla diffusa patina gallicizzante della lingua del poemetto, che già prelude alla grande miscela del *Fiore*. Il romanzo è utilizzato su una

---

[21] Sono tuttavia reperibili nell'opera tracce, sia pure tenui, della poesia cavalcantiana (l'amicizia tra Dante e il secondo Guido data, come è noto, dall'epoca del sonetto *A ciascun' alma presa*, quando Dante era diciottenne; cfr. *Vita Nuova*, III). L'inizio della ballata giovanile *Fresca rosa novella*, spedita probabilmente da Guido a Dante (cui è attribuita da un canzoniere, il Palatino):

> *Fresca* rosa novell*a*,
> *piacente* primavera,

potrebbe essere riecheggiato in questi versi della lode:

> La sua *piacente* cera
> non è sembiante a cera,
> anz' è sì *fresca* e *bella*...
>
> (vv. 171-3)

(e cfr. anche il v. 23 della ballata: *Vostra cera gioiosa*); mentre l'equivocazione del suo distico finale:

> ché solo Amor mi sforza,
> contro cui non val forza – né misura,

ricorda quella di *Detto* 51-52:

> e di colu' fa forza
> che con piacer fa forza.

La ballata celebra religiosamente la donna come prodigio che va « oltra natura umana », sì da restare in un ambito di ispirazione guinizzelliana non troppo lontano da quello del *Detto*. Un atto di fede amorosa, nonostante la spietatezza di madonna, è nella instanza *Se m'ha del tutto obliato Merzede*, costruita su di un arcaico gioco di rime interne, di dove potrebbe venire l'espressione *servire a grado* di *Detto*, 276 (*anzi ragiona di servire a grato*, v. 3). Al Cavalcanti più tipico ci porterebbe il v. 80 del *Detto*: *né fu' né fia di essa* (cfr. *com'ella fu e fie sempre d' Amore*, son. *Deh, spiriti miei*, 14). Infine, cara al Cavalcanti, è l'immagine della *corte* d'Amore (*Detto*, 217), pur diffusa nella tradizione cortese (cfr. son. *Li mie' foll' occhi*, 4; son. *Se vedi Amore, assai ti priego, Dante*, 9).

base di parità con gli altri testi, quasi parti di un unico Testo romanzo.[22] Il principio di contaminazione che abbiamo visto applicato alla tradizione nostrana, vale anche nei rapporti tra questa e il testo francese, come anche all'interno di questo. È normale infatti che vengano fusi episodi distinti tra loro. Così l'episodio di Ragione fonde le due apparizioni della dea, in Guillaume de Lorris e in Jean de Meung. Mentre nei comandamenti di Amore, oltre al brano corrispondente (*Rose*, 2077 ss.) viene utilizzato anche il breve riassunto fattone da Amant alla seconda venuta del Dio: *Cortese e franco e pro' / convien che sie, e pro' / salute e doni e rendi*, 403-5 (*Saluz dei tost doner e rendre, Rose*, 10405). Anche più complesso è l'episodio di Ricchezza. L'episodio vero e proprio (*Rose*, 10029 ss.) è mentalmente fuso con l'ampia anticipazione di Amis (*per ciò il passo ti vieto*, 291; *Povreté m' a veé le pas*, *Rose*, 7934; e cfr. *Dt.*, 312-318 con *Rose*, 8010-15; *Dt.*, 300-306 con *Rose*, 8247-56), mentre si serberà il ricordo anche della prima apparizione di Richece nel giardino di Deduit, dato che il distico *Por ce amoit mout l'acointance / De Richece e la bienvoillance* (*Rose*, 1119-20) sembra riflettersi in: *ma tu non m' accontasti / unque, ma mi contasti* (294-5) e: *e mostra ben voglienza / d'aver mia benvoglienza* (329-30). Dall'episodio di Raison sono infine riprese queste tessere: *e danza a suon di vento / sanz' aver mai avento*, 341-2 (*E quant sereiz penduz au vent / Senz couverture e senz auvent*, *Rose*, 6523-4, riferito al sogno di Creso); *E gli amici e' parenti / no gli sono apparenti*, 357-8 (*Car de cent amis aparanz, / Seient compaignons ou parenz*, *Rose*, 4885-6); *che Povertà tua serva / non sia, né mai ti serva*, 349-50 (*De quei voulez vous que je serve? / – Seufre que je seie ta serve*, *Rose*, 5841-2).

Non è questo il solo caso in cui forme del romanzo vengono disgiunte dai loro contenuti originari. Nelle due tessere che ora daremo, predicati che si riferivano originariamente alla Fortuna vengono trasferiti a Ragione: *ella si fa diessa*, 79 (*Vous faites Fortune deesse*, *Rose*, 5914); *perch' i', per le', certan ho / che ciaschedun s' abbatte*: / *me' ched Amor sa, batte* (*Gar que Fortune ne t' abate, / Combien qu' el te tourmente ou bate*, *Rose*, 5877-8). Mentre in *Dt.*, 457-8:

ma sol *con que' s' accorda* [Amore]
che 'l su' cammin va' *ccorda*

[22] È noto che per Dante (*De vulgari eloquentia*, I, VIII) gli idiomi francese, provenzale e italiano sono parti di un unico, *tripharium* idioma romanzo.

un suggerimento formale del romanzo (10225-6):

E Cueurs Failliz *a aus s' acorde,*
Qui songe touteveis la *corde*

viene volto a tutt'altro senso.[23]

Tanti riecheggiamenti di altri testi poetici (alcuni brani sono dei veri intarsi di citazioni), non dovrebbero sorprendere. Oltre che con l'età giovanile della sua composizione, questa fedeltà citatoria si spiega con le particolari circostanze espressive dell'operetta, che assegna un ruolo preminente al gioco del significante (sì che il testo paia come prodursi per se stesso). La rima equivoca, mentre conferisce agli enunciati una forte impressione memoriale, sì che il fedele potrà facilmente farne tesoro,[24] attiva i processi memoriali; là dove lo sforzo stilnovistico di adeguare l'espressione alla verità intima di Amore, tenderà a frenarli, mirando ad un ideale di fusione. D'altra parte questa ostentata « impersonalità » appare conforme al carattere « religioso » del testo, in cui il poeta rivive l'esperienza cortese come anonimo protagonista di un rito valido per ciascun fedele.

---

[23] Per altri dettagli sui rapporti tra il *Detto* e il *Roman de la Rose*, cfr. L. F. BENEDETTO, *Il « Roman de la Rose » e la letteratura italiana*, cit., pp. 107-121.

[24] Questa funzione dell'*equivocatio* diventa particolarmente evidente nella sequenza finale dei comandamenti d'Amore. Sulla memorialità della poesia dantesca, cfr. in particolare G. CONTINI, *Un'interpretazione di Dante*, in « Paragone », ottobre 1965; ora in *Varianti e altra linguistica*, cit., 369-405.

V.

LA LODE. SVOLGIMENTI DEL *DETTO* NELL'OPERA DI DANTE

Uno studio a parte merita il brano della lode, che occupa il centro del poemetto, come poi la lode di Beatrice occuperà il centro della *Vita Nuova.* Esso rappresenta insieme l'episodio di maggiore splendore poetico e quello più ricco di anticipazioni sul Dante futuro. Già ci siamo occupati di taluni aspetti tematici della lode, che ci hanno confermato il predominare dell'impronta guinizzelliana su questo vitale settore dell'arte dantesca. Volgeremo ora lo sguardo alla struttura complessiva del brano, congegnato con grande sapienza retorica.

La bellezza dell'amata è celebrata partitamente, in otto divisioni, dedicate ciascuna ad uno o più membri (l'ultima al corpo nel suo insieme),[1] seguendo l'ordine tradizionale, dall'alto in basso, raccomandato dalle *Poetriae:*[2]

Et sic
A summo capitis descendat splendor ad ipsam
Radicem, totumque simul poliatur ad unguem.
(*Poetria Nova,* 597-9)

Ciascuna partizione si suddivide a sua volta in due parti, approssimativamente uguali, di cui la prima canta la bellezza e le meravigliose

---

1 Cfr. 165: *e di cors e di membra.*

2 Questo ordine è seguito anche nei ritratti allegorici del *Roman de la Rose,* di cui la descrizione del *Detto* serba qualche traccia. Prevalgono le derivazioni dal ritratto di Biautez (verso cui evidentemente la donna tende come paradigma), cui rimanda già il distico di introduzione: *per devisar partita / com' ell' è ben partita / e di cors e di membra, / sì come a me mi membra,* 164-6 (cfr. *Mout grant douçor au cuer me touche, / Si m' äist Deus, quant il me membre / De la façon de chascun membre, Rose,* 1010-2); ma poi il verso iniziale *Cape' d' oro battuto* serba memoria di: *Les cheveus ot blondez e lons / Qui li batoient as talons, Rose,* 1007-8. E così il verso 195: *La bocca e 'l naso e 'l mento / (ha più belli...)* ricorda: *Nés ot bien fait, e iauz e bouche, Rose,* 1009 (e cfr. *Dt.,* 186-90 con *Rose,* 995-8).

Cfr. anche la *descriptio* di Natura nel *Tesoretto* (248 ss.).

virtù della parte considerata, mentre la seconda ne dice gli effetti prodotti sull'animo del poeta. In tal modo il modello retorico, nomenclatorio, dedotto dalla *Poetriae* viene come interiorizzato: la lode si celebra in uno spazio di memoria,[3] dove il poeta, rievocando le bellezze della donna, ripercorre insieme le fasi del suo amore. Nel *far capo* (« andare a finire ») del poeta alle chiome dorate della donna (167-70) non si tarderà a scorgere il momento della scelta dell'oggetto, ed anzi i capelli che battono il poeta possono considerarsi come un'elegante variazione del motivo del ferimento. Le partizioni successive narrano i progressi dell'amore, in forme simili a come erano stati descritti nella prima parte del poema: dal senso di un'incolmabile distanza che separa il poeta dalla perfezione della donna (174-6; cfr. 44-7), al « voltarsi »[4] dei suoi pensieri verso di lei (179-82), all'alimentarsi in lui della speranza (191-4; cfr. 66-70), all'impossibilità di partirsi ormai da lei (203-6; cfr. 71-5), al progredire nelle virtù di Amore (214-8; cfr. 147-156). Con l'incessante contemplazione della donna, descritta nella settima partizione (226-32), la lode torna circolarmente al punto da cui si era mossa. Mentre con la successiva, in cui si dichiara il proposito di non cambiare mai la propria donna per un'altra, tra la donna e Amore si stringe un nodo strettissimo, e il poeta torna alle professioni di fede degli inizi, arricchite ora di nuovi contenuti di esperienza (260-276). In tal modo la lode ci appare come un microcosmo, in cui l'universo amoroso del *Detto* si rispecchia nel suo insieme.

---

[3] Uno spazio di memoria è evocato dal *membra* del v. 166:

> com' ell'è ben partita
> e di cors e di membra,
> sì come a me mi membra.

Si rilevi come, benché la donna non fosse più nominata dal v. 47, il poeta la evochi direttamente col pronome personale *ella*, come se fosse sempre stata presente nella sua mente.

Questo carattere di presenza imaginaria, di fantasma impresso nella mente è ribadito alla fine della descrizione attraverso l'immagine, cara ai Siciliani, della figura dipinta nel cuore (256-9).

[4] Lo stesso verbo è usato per indicare l'innamoramento nella *Commedia*:

> Vostra apprensiva da esser verace
> tragge intenzione, e dentro a voi la spiega,
> sì che l'animo ad essa *volger* face;
> e se, *rivolto*, inver' di lei si piega,
> quel piegare è amor, quell' è natura
> che per piacer di novo in voi si lega.

(*Purg.*, XVIII, 22-7)

Benché accanto al dominante presente, affiori anche un passato prossimo (180-1; 192; 215), l'impressione che si ricava è di una serie di momenti compresenti, sottratti al fluire del tempo.[5] Concorre a produrre questa impressione l'identità degli attacchi: *per ch' i' a lor fo capo* (170); *Perch' i' a quella spera / ho messa la mia spera* (191-2); *Per ch' i' ver sua pantera / i' mi sono 'n fed' ito* (200-1); *Per che 'l me' cor sì mira / in lei e notte e giorno* (226-7); *Per che 'l me' cor sì chiar' ha / di non far già mai cambio / di lei a nessun cambio* (246-8). La varietà dei fenomeni non fa che esaltare un'identica condizione di fedeltà.[6] La storia del poeta presenta una fissità simile a quella dell'immagine della donna che si viene componendo parallelamente ad essa: il tempo insomma appare commutabile con lo spazio. La mente del lettore correrà al *visibile parlare*, citato a proposito delle figurazioni esemplari del *Purgatorio* (x, 95): cioè una parola che cessa di essere durata per farsi spazio, sincronia di immagine, così come una storia che cessa di essere nel tempo per trasporsi in paradigma.

La storia del poeta si ripresenta ora come causata dalla bellezza della donna, esattamente come in principio essa appariva causata dalla giustizia e bontà di Amore (*Per ch' i' a lui m' adoro*, 32; *Per ch' i' già non dispero*, 67). Ora però essa non è più proposta come sublimata esperienza del soggetto, ma come dialettica tra soggetto e oggetto. Se in rapporto ad Amore la storia si compie con lo stabilirsi di un'ideale comunione col dio, per cui l'amante diventa una sola anima con lui, qui essa culmina nel riconoscimento pieno dell'oggetto, non più asservito all'io. Abbiamo già detto che solo nell'ultima partizione cessa la frammentazione del corpo della donna ed essa viene restituita nella sua interezza. Benché gli effetti sul poeta vengano ancora descritti nel seguito, la donna si muove tuttavia con piena libertà rappresentativa, viva ormai di vita autonoma:

E quando va per via,
ciascun di lei ha 'nvia
per l' andatura gente;
e quando parla a gente

---

[5] Il proposito di trascendere le vicissitudini del tempo si manifesta in espressioni del tipo: *Per che 'l me' cor sì mira / in lei e notte e giorno* (226-7); *i' la mi veggio pinta / nel cor, s' i' dormo o veglio* (258-9). Esse andranno collegate a quelle riferite al Dio (del tipo *i' l' ho tenuto maggio / e terrò già ma' sempre*), che abbiamo considerato a pag. 43.

[6] Si osservi che non è fatto cenno all'episodio di Ragione, da cui la lode celebra appunto l'avvenuto distacco.

sì umilmente parla
che boce d' agnol par là.
Il su' danzar e 'l canto
val vie più ad incanto
che di nulla serena,
ché l' aria fa serena:
quando la boce lieva
ogni nuvol si lieva
e l' aria riman chiara.

(vv. 233-45)

Nel principio invece soggetto e oggetto apparivano strettamente compenetrati. La prima partizione si compone di due distici in ciascuno dei quali gli attributi della donna appaiono strettamente fusi coi suoi effetti sul poeta: la rima equivoca stabilisce appunto questa fusione:

Cape' d' oro battuto
paion, che m' han battuto,
quelli che porta in capo,
per ch' i' a lor fo capo.

(vv. 167-70)

Il passaggio tra questi due estremi avviene per calcolate gradazioni. Ad eccezione della prima (dove non vi è cenno a qualità astratte) e dell'ultima (dove manca invece l'elemento concreto), in tutte le altre partizioni sono fatte intervenire, accanto ai particolari fisici, qualità astratte. Nella seconda e nella terza però l'effetto psicologico si salda ancora strettamente all'elemento fisico, mentre quello astratto (rispettivamente il piacevole aspetto e la virtù letificante) è addotto nella chiusa. Mentre nelle quattro successive l'attributo astratto (la *chiara luce*, la *dolce alena*, il candore della pelle *bianca e lattata*, e infine *il su' nobile stato*, definizione ormai comprensiva che già prelude alla partizione successiva), è cantato dopo quello concreto, e da esso si ingenerano, con azione più sottile, gli effetti sull'animo del poeta. La progressione è accentuata da fattori numerici, per cui aumenta progressivamente l'ampiezza delle singole partizioni (nell'ordine 4, 6, 6, 12, 12, 12, 14, 23), come per un effondersi del canto via via che l'oggetto acquista vita propria.

A creare l'immagine di una composizione musicale, sapientemente ritmata, concorrono i legami e i rimandi interni. Già abbiamo visto come la « chiave » di ogni partizione, in cui l'elemento oggettivo si rovescia in quello soggettivo tenda a proporsi attraverso un identico legame sintattico (*per che*). Ma vi sono anche altre corrispondenze anaforiche: *tant' ha piacente affare* (176); *tant' ha piacente avviso* (186); *Tanto son ben voltati* (179); *Tant' è bianca e lattata* (211). Elementi che, con il procedimento nomenclatorio, per rassegna di pregi, imprimono al brano un carattere liturgico, quasi un canto della Vergine.

Si sarà osservato che nell'opposizione tra prima e ultima partizione paiono adombrati due momenti fondamentali dell'arte dantesca: quello petroso e quello stilnovistico; come se, in questi primordi, svolgimenti successivi venissero già formulati come momenti necessari della sua poesia, manifestandosi in sincronia prima di diventare diacronia. Per il finale già abbiamo citato dovizia di echi se non proprio stilnovistici, almeno prestilnovistici, per non dire della ripresa del verso iniziale nella canz. *Donne ch' avete* (cfr. pp. 23-30). Non meno certi sono nella prima i rimandi al Dante petroso. L'immagine dei capelli dorati fattisi sferza per il poeta riappare infatti nella canz. *Così nel mio parlar*, dove è svolta con crudezza di tono, conforme alla violenza che domina ora il rapporto amoroso:

sì come quelli
che ne' biondi capelli
ch' Amor per consumarmi increspa e *dora*
metterei mano, e piacere'le allora.
S' io avessi le belle trecce prese,
che fatte son per me scudiscio e ferza,
pigliandole anzi terza,
con esse passerei vespero e squille.

(vv. 66 ss.)[7]

Del resto è propria delle Petrose la penetrazione profonda della donna nella mente del poeta, e nella canz. *I' son venuto* la coppia di rime equivoche che suggella la strofe è usata proprio per dare rappresentazione sensibile[8] a questa compenetrazione:

la mente mia, ch' è più dura che petra
in tener forte imagine di petra.

(vv. 12-3)

---

[7] La conformità dell'invenzione risalta anche di più se riportiamo termini vicini di confronto, come questo dal *Mare Amoroso* (90-3): *Ché li cavelli vostri son più biondi / che fila d' auro o che fior d' aulentino, / e son le funi che·m tegnon 'lacciato.*

[8] Si ricordi che, in quanto suono, la parola « sensuale quid est » (*De vulg. el.*, I, III, 3).

Ai due momenti stilnovistico e petroso non rimandano solo gli estremi, ma anche la struttura del brano. L'antitesi tra soggetto e oggetto, su cui esso è imperniato, svolgerà un ruolo centrale anche nella lode di Beatrice. Si ricorderà il drammatico colloquio con le donne (cap. XVIII), in seguito al quale matura nel poeta il proposito di non parlare più della propria condizione, ma di prendere per materia del proprio canto la celebrazione della donna, dando il via ai componimenti della lode. I quali si caratterizzano appunto per il trascendimento di ogni soggettivismo, interamente calandosi nella contemplazione dell'oggetto. Mentre nell'ultimo componimento, la canzone *Sì lungiamente*, rimasta interrotta per la morte di Beatrice, il poeta intendeva incorporare nella poetica della lode gli effetti nuovamente generati in lui dalla donna:

e veggendo nel mio pensiero che io non aveva detto di quello che al presente tempo adoprava in me, pareami defettivamente avere parlato. E però propuosi di dire parole, ne le quali io dicesse come me parea essere disposto a la sua operazione, e come operava in me la sua vertude (XXVII, 1).

Anche l'opposizione tra le bellezze di tutta la persona e quelle dei singoli membri, annunciata al v. 165 (*e di cors e di membra*), trova riscontro nelle poesie della lode, e precisamente nella canz. *Donne ch' avete*, dove è così esplicitata dal commento prosastico:

Questa seconda parte si divide in due; che ne la prima dico d' alquante bellezze che sono secondo tutta la persona; ne la seconda dico d' alquante bellezze che sono secondo diterminata parte de la persona, quivi: *De li occhi suoi* (*Vita Nuova*, XIX, 19).

Se il *Detto* procede ad una particolareggiata rassegna delle singole parti, la canzone si limita ad individuare due organi, gli occhi e la bocca, rispettivamente principio e fine di amore, e Dante ha subito cura di cancellare « ogni vizioso pensiero » su questo possibile fine: nient'altro che il saluto-salute della beatissima. Un disegno simile si potrebbe intravedere anche nel *Detto* dove però, s'intende, principio e fine sono di tutt'altra natura: il principio sono le chiome che « battono » il poeta, mentre il fine sarebbe allora l'abbraccio della donna, evocato dalle braccia di lei (219-23).

Nel commento alla canzone questa opposizione è l'ultima in una serie di dicotomie (cielo / terra; anima / corpo), che la bellezza sensibile della donna inquadrano in un cosmo spirituale, conforme alla natura di un amore che, a differenza di quello del *Detto*, non procede più dal sensibile, ma da sorgenti spirituali (si osservi che anche nell'opposizione conservata è invertito l'ordine del *Detto*, il tutto precedendo la parte). Proprio per questa canzone il commento si fa particolarmente dettagliato, procedendo ad una sottile divisione, che ne esplica la struttura razionale profonda.

Ma la poesia tende a rendere invisibili queste opposizioni, risolvendole nella splendida fluidità del suo dettato. Nella lode di Beatrice un afflato profondo scioglie gli schemi logici e retorici, restituendo il linguaggio ad una nuova naturalità.[9] Per trovare invece un disegno compositivo altrettanto lucido, dovremo risalire alle Petrose, gravitanti appunto intorno al simbolo minerale della pietra, e precisamente alla canzone *Io son venuto*, già citata, costruita con inconsueto rigore, come una gelida geometria invernale. Strofe per strofe « l'autore rimane all'immobile tema iniziale dell'inverno, non sviluppato dialetticamente, bensì evocato per via di variazioni negli aspetti che assume presso i singoli elementi e viventi: cielo (stelle e pianeti); aria (vento, intemperie); uccelli ed altri animali; piante; acque. Dopo la lunga fronte naturale, la fine della sirima è occupata dall'intervento di Amore, e l'unico settenario della strofe, introdotto sempre da un *e* energicamente avversativo, segna la separazione » (Contini).[10] Disegno assai simile, quindi, a quello del *Detto*, dove pure il passaggio dalla contemplazione della donna al suo effetto sul poeta tendeva a realizzarsi attraverso un identico nesso sintattico (*per che*). Anche nella canzone la storia del poeta viene rapportata ad una realtà di ordine spaziale (la *descriptio* della scena invernale). Se ne ricava un senso di assoluta immobilità, come per un congelarsi del tempo.

È superfluo rilevare, anche, l'allargarsi dell'orizzonte poetico. Ché, se nel *Detto* l'universo appare tutto racchiuso nella figura della donna, nella canzone l'esperienza amorosa è contrapposta a una grandiosa raffigurazione dell'universo sensibile. Benché, a ben guardare, la sostanza poetica del componimento vada cercata proprio nell'autonomia dell'universo spirituale del poeta, governato dalla donna, rispetto alle vicende astronomiche e naturali; sicché si ristabilisce un collegamento ideale col *Detto*, dove intorno ad Amore il poeta aveva costruito un cosmo regolato da sue proprie leggi.

---

9 Sì che appare quasi emblematica la genesi del primo verso di *Donne ch' avete*, nato mentre il poeta passeggia presso un « rivo chiaro molto », quasi ad imitazione del suo murmure.

10 D. Alighieri, *Rime*, a cura di G. Contini, Torino, 1965, p. 150.

Sono evidenti del resto le analogie tra questo giovanile saggio di *trobar clus* e l'esperienza petrosa: li accomuna l'ardore sperimentale che fa della rima il centro propulsore dell'invenzione. Anche se il *trobar clus* della maturità, che si rifà agli archetipi trobadorici, appaia incomparabilmente più ricco di quello del *Detto*, condotto ancora su modelli guittoniani. Rispetto all'astratto verbalismo del *Detto*, Dante mirerà ora a far risaltare i poteri evocativi e suggestivi della parola, mettendo a frutto, oltre alla lezione dei provenzali, la sua stessa esperienza stilnovistica, mentre l'asprezza tecnica riceverà una più profonda motivazione dall'assunto tematico (la durezza della donna). Tuttavia l'equivocazione tornerà a svolgere nelle Petrose un ruolo importante. Come abbiamo detto, una coppia di rime equivoche suggella le stanze della canzone *I' son venuto*. Nella sestina *Al poco giorno* Dante si terrà fedele al modello della sestina arnaldiana, facendo ruotare la costruzione sulle sei parole rima, variate via via secondo il principio della *retrogradatio cruciata*, fino ad esaurimento delle possibilità. Ma con la sestina doppia *Amor, tu vedi ben che questa donna*, Dante incorpora il principio dell'equivocazione [11] nella struttura della sestina arnaldiana, sì che la stessa parola ricorre, in diverse accezioni, ben sei volte in ogni stanza, con grandiosità di effetto conforme alla magnificanza tecnica raggiunta ora dal poeta. Non sarà casuale che anche la canzone, come il *Detto*, verta sulla celebrazione di Amore come Dio, principio eterno, che è prima del tempo (« vertù che se' prima che tempo, / prima che moto o che sensibil luce », 49-50).[12]

Non sorprendano questi raffronti tra la giovanile esercitazione del *Detto* e l'altissimo magistero delle Petrose. Ché in quest'alba già si preannunciano modi che saranno tipici dell'arte matura del poeta. Vi troviamo già, ad esempio, taluni nuclei di immagini con cui Dante ama dare una resa concreta, vigorosamente plastica ad operazioni intellettuali. Tale è l'immagine del suggello, usata nel *Detto* per esprimere il carattere che Amore stampa nei suoi sudditi e che

---

[11] Non è tuttavia ammessa la frantumazione della rima, così comune nel *Detto*. Il principio dell'equivocazione si innesta su quello della parola rima, arricchendone il gioco.

Dei giochi di equivocazione della sestina trova riscontro nel *Detto* quello sulla parola *luce* della terza stanza (cfr. *Dt.*, 187-8).

[12] Il tralucere di una ragione profonda dietro l'intentata novità della forma sembra esprimersi nel congedo: *la novità che per tua forma luce.*

si imprime in ogni loro operare, la quale avrà grande diffusione nella *Commedia.* In particolare, i vv. 92-5:

> I' per me non *suggello*
> *della sua 'mprenta* breve,
> ch' è troppo corta e breve
> la gioia e la noia lunga

ricordano, per molteplici corrispondenze:

> Ciò che da lei sanza mezzo distilla
> non ha poi fine, perché non si move
> *la sua imprenta* quand' ella *sigilla*,
>
> (*Par.*, VII, 67-9)

mentre il *signo ri'* del v. 90:

> I' dico, signo ri' ha
> chi porta su' suggello

richiama il *segno . . . buono* di *Purg.*, XVIII, 38-9, in un passo dove si distingue, appunto, tra i diversi tipi di amore:

> Or ti puote apparer quant' è nascosa
> la veritate alla gente ch' avvera
> ciascun amore in sé laudabil cosa;
> però che forse appar la sua matera
> sempre esser buona, ma non ciascun *segno*
> è *buono*, ancor che buona sia la cera.

Così il metaforico *balestro* di Amore dei vv. 369-70:

> E dice, s' i' balestro
> se non col su' balestro . . .

già prelude al successo che immagini tratte dalla balistica avranno nella *Commedia* per esprimere i più vari moti del pensiero. Il verbo *balestrare* ricorre in *Inf.*, XIII, 98 e *Purg.*, XXV, 112, ma nell'uso energicamente metaforico fattone dal *Detto* lo ritroviamo nel sonetto di corrispondenza con Cino *Io sono stato con Amore insieme* (9-11):

> Però nel cerchio de la sua palestra
> liber arbitrio già mai non fu franco,
> sì che consiglio invan vi si balestra.

Anche il *crocco* (« uncino ») di cui Amore cinge il poeta (v. 366) richiama i simbolici *runcigli* di cui sono armati i diavoli della quinta bolgia; mentre l'immagine del poeta che non si lascia « croccare » (cfr. « arruncigliare » in *Inf.*, XXI, 75) all'amo di Ragione, cioè sedurre da lei:

Ragion, cui poco amo,
già, se Dio piace, ad amo
ch' ell' aggia non m' ha crocco,

(vv. 363-5)

può ricordare quella usata per indicare la leggerezza di Cino nel son. *Io mi credea del tutto esser partito* (6):

che pigliar vi lasciate a ogni uncino.

Infine, l'applicazione metaforica del verbo *seminare* dei vv. 467-8:

seminati son chiari
i buon' amici chiari

sarà ripresa in un luogo del *Convivio*:

e la maggiore parte de l' amistadi si paiono seminare in questa etade prima, però che in essa comincia l' uomo ad essere grazioso (IV, XXV, 1).

Tra le minori corrispondenze andrà accennato al ricorrere di vocaboli rari o rarissimi del *Detto* in altre opere di Dante. Tale è certamente *travaglio, travagliarsi* nel senso di « mutamento », « trasmutarsi » (*Dt.*, 70; *Par.*, XXXIII, 114) o *vieto*, dal lat. *vetus* (*Dt.*, 292; *Inf.*, XIV, 99). E già il Contini segnalava l'uso metaforico di *salmo* nella *Commedia* (*Inf.*, XXX, 69), nel *Fiore* (XLV, 4) e nel *Detto* (343).[13]

Il *Detto* si presenta quindi come un nucleo carico di vitali presagi sull'attività futura del poeta: se la dolcezza ideale che pervade la concezione dell'amore prefigura la stagione stilnovistica, l'adesione del suo stile ad una poetica « chiusa », antimelodica, troverà invece svolgimenti sul registro « petroso » dell'arte dantesca. È possibile, oltre ai molteplici rimandi, così di forma, come di contenuto che siamo venuti

---

[13] Anche l'*alta seggia di Dt.*, 426 ricorda l'*alto seggio* di *Inf.*, I, 128. Abbastanza significativo pure *allattare*, *Dt.*, 21 (cfr. *lattare*, *Purg.* XXII, 102).

annoverando in queste pagine,[14] scorgere un'allusione più diretta al *Detto* nell'opera dantesca? Crediamo di sì. Si tratta della *battaglia de li diversi pensieri* illustrata nel capitolo XIII della *Vita Nuova,* a commento del sonetto *Tutti li miei penser parlan d'amore.* La battaglia si presenta come una vera psicomachia, un tormentoso conflitto di pensieri amorosi, che turba profondamente il poeta. Se consideriamo la prima metà del *Detto,* prima che, con Gelosia e Ricchezza vi venga introdotto l'elemento della socialità, anch'essa si può interpretare come un dramma interiore, che ha il suo centro nell'episodio di Ragione. Il senso di un'intima coercizione, espresso dalla prosa della *Vita Nuova*:

> mi cominciaro molti e diversi pensamenti a combattere e a tentare, ciascuno quasi indefensibilmente,

in maniera assai simile ad un luogo del *Fiore*:

> Allor sì mi rimisi a le difese
> co' mie' pensieri e fu' in maggior tormento
> assa', ched i' non fu' al cominciamento,
>
> (XLVII, 5-6)

è reso nel *Detto* dal procedere implacabile dei distici incatenati dalla rima equivoca, che creano come il senso di un flusso rapinoso di parole dalle quali l'io si lascia trasportare.

Questa parte appare composta di quattro fasi principali. La prima rappresenta uno stato di fiducioso abbandono ad Amore, celebrato come signore supremamente buono e giusto (6-74). Gradualmente, contro la volontà stessa del poeta,[15] questo stato trapassa nel suo opposto, con l'intervento di una « parola » estranea, quella di Ragione, che sprona il poeta a respingere la dura signoria di Amore, promettendogli in cambio una gioia senza turbamenti (75-124). Ad essa il poeta si ribella, rivendicando la bontà di Amore, fonte di ogni felicità e di ogni bene (125-166). Libero finalmente dagli intralci della ragione, passerà a cantare le lodi dell'amata (167-258). Questa divisione trova conferma nel manoscritto, il quale ai vv. 125 e 167 presenta due iniziali colorate. Anche nella battaglia della *Vita Nuova,*

---

[14] Ad essi vanno aggiunti quelli segnalati dal CONTINI nell'articolo *Stilemi...* cit.

[15] Un senso di coercizione è espresso dal *punga* del v. 373:

> o s' i' credo a Ragione
> di nulla sua ragione
> ch' ella mi dica o punga.

*

quattro sono i pensieri che travagliano principalmente la mente del poeta:

Tutti li miei penser parlan d' Amore;
e hanno in lor sì gran varïetate,
ch' altro mi fa voler sua potestate,
altro folle ragiona [16] il suo valore,
altro sperando m' apporta dolzore,
altro pianger mi fa spesse fïate.

Appare subito che i primi tre pensieri sono nella sostanza identici ai corrispondenti tempi drammatici del *Detto*, e la corrispondenza è accentuata dalla prosa, dove i pensieri si dispiegano nel loro dialettico svolgimento. Una discordanza si ha invece per il quarto, che nel sonetto è un pensiero angoscioso. Ma il commento prosastico sembra incaricarsi di stabilire il collegamento col *Detto*, informandoci che il dolore era suscitato dall'eccezionale virtù della donna, che rende irremovibile il suo cuore:

Lo quarto era questo: la donna per cui Amore ti stringe così, non è come l'altre donne, che leggeramente si muova del suo cuore.

Per il terzo il commento svolge anche più ampiamente il verso corrispondente del sonetto:

L' altro era questo: lo nome d' Amore è sì dolce a udire, che impossibile mi pare che la sua propria operazione sia ne le più cose altro che dolce, con ciò sia cosa che li nomi seguitino le nominate cose, sì come è scritto: « Nomina sunt consequentia rerum »,

stabilendo un'implicita corrispondenza col *Detto*, dove, nella sua replica a Ragione, il poeta respingeva il gioco etimologico, di sapore guittoniano, *Amore amaro*, dichiarando per contro la dolcezza di Amore, dal quale non può procedere altro che bene:

Tu mi vuo' trar d' amare
e di' c'Amor amar è:
i' 'l truova' dolce e fine,
e su' comincio e fine
mi piacque e piacerà,
ché 'n sé gran piacer ha.

(vv. 141-6)

[16] Si noti il gioco *folle ragiona,* cioè « mi dice essere folle, contrario a ragione ». Il verso ricalca l'inizio del discorso di Ragione nel *Detto: Ed a me dice:* « *Folle,* ... ».

Qualora esistessero ancora dubbi sull'affinità tra i due componimenti, un'ultima corrispondenza dovrebbe fugarli. Il sonetto si chiude con la disperata invocazione di Pietà (già citata al v. 7):

> E se con tutti voi fare accordanza,
> convenemi chiamar la mia nemica,
> madonna la Pietà, che mi difenda,

in modi che ricordano la chiusa di un sonetto del *Fiore*:

> Ma di lui mi richiamo a Pïetanza,
> che venga a lui collo spunton in mano.
>
> (VII, vv. 13-14)

Analogamente, la prima metà del *Detto* termina con la speranza di trovare pietà nella donna: *E s'io in lei pietanza / truov'o* . . . (265-6).

Ma dietro queste affinità traspare subito una differenza sostanziale, come se un motivo comune venisse svolto in due diverse direzioni di stile. Nell'universo cortese del *Detto* il richiamo a Pietà non ha nulla di drammatico, e il poeta passerà a considerare gli ostacoli oppostigli da Gelosia, sicuro di poterli superare col soccorso di Amore (vv. 271-6); nel sonetto il conflitto si presenta come insolubile. L'antitesi si definisce proprio al quarto pensiero: se nel *Detto*, nonostante le iperboli, la donna appare ancora creatura umana, umanamente raggiungibile, nel sonetto essa è sfiorata ormai da una nota tragica, di irragiungibilità. Il componimento è infatti il primo di un ciclo ispirato al secondo Guido, in cui l'oggetto d'amore si rivela nella sua folgorante potenza, vibrante di note terrifiche e angosciose (*tremando di paura ch' è nel core*). Il cerchio teologico del *Detto* si è trasmutato in un cerchio di tragica impossibilità.

Mutato appare anche nei due componimenti il rapporto tra l'io e i pensieri. Nel *Detto* i singoli stati apparivano ancora come momenti nell'itinerario dell'io: solo Ragione era sentita come « voce » separata, quasi una prevaricazione del pensiero. Nel sonetto invece tutti i pensieri si sono liberati in entità separate, presentandosi in un rapporto di eguale estraneità rispetto all'io, che ne è soverchiato (negli altri componimenti del ciclo l'io si misurerà appunto con situazioni estreme, al limite della sua propria morte). Anche in questa piena oggettivazione degli stati interiori, per cui la vita intima del soggetto è risolta in un dramma di ipostasi, sarà da vedere l'influsso della poetica cavalcantiana.

Tuttavia la correlazione tra i due componimenti appare innegabile. Ce ne dà conferma lo stesso stile del sonetto che rispetto alle altre composizioni del gruppo giustamente è parso ai critici « più schematico e programmatico che intimamente mosso » (De Robertis). Sarà da vedervi l'impronta degli schemi logici e retorici del *Detto*, non ancora partecipe della fluidità del verbo stilnovista; ma anche una consonanza ideale, ché anche la battaglia della *Vita Nuova* consiste in una varietà contraddittoria partecipe dell'indivisibile unità di Amore, come indicano i primi due versi (*Tutti li miei penser parlan d'Amore; / ed hanno in lor sì gran varietate*...): l'elenco anaforico (*altro*... *altro*... *altro*... *altro*...) rappresenta appunto il rifrangersi dell'unità in una pluralità di fenomeni.[17] Mentre il senso di un'ideale sincronia è accresciuto dalla corrispondenza tra fronte e sirma, terminanti entrambi con l'invocazione di Pietà.

Se, come crediamo, il *Detto* trova la sua collocazione tra i componimenti che precedono il ciclo aperto da questo sonetto, il confronto tra i due testi ci permette di cogliere una svolta decisiva di poetica, in cui la lezione del primo Guido, permeata di istanze teologiche, cede alla disperazione cavalcantiana. È superfluo rilevare come il dischiudersi della lode di Beatrice presupponga questo tragico svelamento dell'altro, dove, nella divinizzazione dell'oggetto, l'io incontra la propria morte (la parola domina in questo ciclo di sonetti): per esso verrà bruciato ogni schermo di forme, ogni resistenza dell'io, che cede all'assoluto manifestarsi di Amore:

> ché Amor, quando sì presso a voi mi trova,
> prende baldanza e tanta securtate,
> che fere tra' miei spiriti paurosi,
> e quale ancide, e qual pinge di fore,
> sì che solo remane a veder vui:
> ond' io mi cangio in figura d' altrui.
>
> (Son. *Con l' altre donne*, 7-12)

---

[17] Si ricordi che anche nel *Detto* il dispiegarsi della storia dell'io era preceduta dalla sua riduzione esemplare sì da farne convergere i singoli momenti verso un unico centro. Cfr. p. 38.

VI.

L'ESPERIENZA DEL *FIORE*

A conclusione di questo studio è opportuno considerare, sia pure brevemente, i rapporti tra il *Detto* e il *Fiore*, ripromettendoci di ritornare in seguito su quest'altra, ben più decisiva esperienza dantesca. La sua composizione andrà portata ad un'epoca non lontana dal ciclo di sonetti che abbiamo considerato nel capitolo precedente, come sembrano mostrare tra l'altro, i legami, strettissimi, col Cavalcanti (cfr. pp. 98-99): anche il *Fiore* ci documenta un superamento dell'ideologia cortese, ma effettuato sull'opposto registro, stilistico e ideale, del comico. Il contrasto tra i due poemetti è così profondo che uno studioso il quale pure ha dedicato al *Detto* importanti contributi esegetici, il Benedetto, non ha mai potuto credere – contro la forza schiacciante delle prove addotte dal Morpurgo (ribadite poi dal Parodi) – che i due procedano dalla stessa mano. Conoscendo la portentosa dialettica propria dell'arte dantesca, in cui ogni momento sembra divorare i precedenti, questa alterità fornirà per noi una conferma ulteriore della loro appartenenza al poeta.

Non è, s'intende, che manchino i segni di una profonda coerenza artistica, che si manifesta proprio nei confronti del *Roman de la Rose* da cui entrambi originano. L'uso del sonetto come metro strofico, ad esempio, rappresenta sì una radicale innovazione rispetto al *Detto*, sostituendo all'implacabile progressione di quello una successione di unità discontinue, un *fractum* particolarmente adatto ad esprimere le discontinuità del reale e dell'esperienza; ma tuttavia esiste una correlazione tra l'equivocazione del *Detto* e l'uso del sonetto: anche qui Dante mira a fermare la sequenza, troppo scorrevole, degli ottosillabi baciati del *Roman de la Rose*, sì da fondare la sua versione su di un attrito permanente (che si rivelerà fecondissimo), tra la forma chiusa, intimamente speculare di questo metro lirico e la progressione della favola. Del resto, se il progetto del *Fiore* aderisce più strettamente al romanzo, abbracciando l'intero percorso della favola, anche qui si manifesta un vigilantissimo calcolo strutturale, mirante a fissare la magmatica massa dell'originale in rigorose architetture formali. Così, ad esempio, delle numerose digressioni che si accumulano nella parte di Jean de Meung, solo tre vengono serbate nel *Fiore*: le due arti amatorie di Amico e della Vecchia, simmetricamente disposte, con, al centro, il discorso di Falsembiante, di argomento non più amoroso, ma etico-politico.

Anche nella concezione dell'amore è possibile scorgere una ferma coerenza col primo poema. È bensì vero che l'interesse di Dante si sposta ora decisamente sul secondo *Roman* (la parte di Guillaume è condensata nei primi 34 sonetti), in cui il razionalismo di Jean de Meung sottopone a critica corrosiva l'idealità cortese di Guillaume. Tuttavia Dante non si spinge ad accogliere le più rivoluzionarie innovazioni di Jean, che nell'ultima parte del romanzo, coi discorsi di Nature e Genius, rinnova le fondamenta stesse dell'amore, mettendone in primo piano la funzione riproduttiva, sì da farne un indispensabile strumento dell'opera assidua di Natura, intenta ad assicurare una perpetua fioritura dei modelli dell'essere, continuamente minacciati dalla Morte. Proprio la lunghissima digressione di Nature e Genius (vv. 15891-20703) rappresenta il taglio più importante operato da Dante sul secondo *Roman*. Egli mostra così di respingere la possibilità di sviluppi filosofici che in qualche modo compromettano l'assolutezza dell'esperienza amorosa. Nonostante i tratti, che, come vedremo tra poco, lo differenziano dall'ideale del *Detto*, l'amore continua ad avere in sé la propria ragione.

E, infatti, la metafora della religione d'Amore svolge ancora un ruolo importante nel *Fiore*, dove anzi l'assoluto di Amore sembra fornire a Dante il punto di riferimento, da cui cogliere e superare il conflitto tra le due parti del romanzo. Il credo di Amore è enunciato in uno dei primi sonetti, dove esso si innesta sul rito feudale dell'omaggio tratto da Guillaume:

fa che m' adori, ched i' son tu' Deo;
ed ogn' altra credenza metti a parte,
né non creder né Luca né Matteo,
né Marco né Giovanni.

(v, 11-4)

Non è difficile cogliere puntuali richiami al *Detto* (cfr. *Per ch' i' a lui m' adoro*, 32; *Lo dio dov' hai credenza*, 111; e, per l'enumerazione degli evangelisti: *non ti credo, / se tu diciess' il Credo / e 'l Paternostro e l' Ave*, 157-9). Proprio in questo primo episodio del libro, in cui si descrive la soggezione del poeta ad Amore, i legami col *Detto* sono infatti strettissimi, tanto da far pensare ad un esplicito aggancio. Fin dalla prima battuta, per esprimere la sua cieca obbedienza al Dio:

> I' sì son tutto presto
> di farvi pura e fina fedeltate,
> più ch' Assessino al Veglio o a Dio il Presto,
>
> (II, 9-11)

l'Amante aveva ripreso un enunciato del *Detto*:

> Unque Assessino al Veglio
> non fu già mai sì presto,
> né a Dio mai il Presto,
> com' io a servir amante.
>
> (vv. 260-3)

Così i versi 4 e 8 del sonetto III:

> e saramento gli feci e omaggio . . .
> e sempre lui tener a segnor maggio,

rimandano a *Detto* 6-9:

> Po' ch' e' m' ebbe inservito
> e ch' i' gli feci omaggio,
> i' l' ho tenuto maggio
> e terrò già ma' sempre;

mentre i versi di mezzo:

> e per più sicurtà gli diedi in gaggio
> il cor, ch' e' non avesse gelosia
> ched i' fedel e puro i' no gli sia,

rispondono a *Detto* 24-5:

> e' [Amor] vuol ben lo gaggio
> che 'l tu' cuor si' a lu' fermo.[1]

---

[1] Cfr. *Il Fiore e il Detto d'Amore*, a c. di E. G. Parodi, cit., XIV-XV.

In entrambi i casi viene ripresa anche l'equivocazione, quasi un'allusione al metro in cui si era espressa l'amorosa religione del *Detto*. In ognuno dei primi cinque sonetti del *Fiore* ricorre infatti almeno una coppia di rime ricche, equivoche o derivative (*trasse*: *trasse*, I, 1:4; *presto*: *Presto*, II, 9:11; *maggio*: *omaggio*: *maggio*, III, 1:4:8; *allena*: *lena*, V, 6:7; *parte*: *parte*, ib., 12:14); fa eccezione il quarto sonetto, dove però funzione analoga riveste l'*annominatio* tra *parlato* e *parato* (2:3). Esse sono disposte sempre in posizioni simmetriche (al centro o alla periferia dei membri ritmici), sì da rilevare le interne specularità del sonetto. In realtà le simmetrie di senso e di forma dominano in questi sonetti, come a rappresentare l'assoluto della fedeltà al Dio. Assai significativa è la prima battuta dell'amante, che abbiamo appena citato (II, 9-11), dove un'identica condizione di fedeltà si esprime nel chiasmo dell'ultimo verso, come nella posizione della coppia *pura e fina*, sempre simmetrica rispetto al centro, come infine nella rima equivoca *presto*: *Presto* tra il primo e l'ultimo verso della terzina. Simmetrie non meno imponenti si hanno nella fronte del son. V, nella sirma del quale verrà enunciato il credo d'Amore. Essa è composta di quattro distici, in ciascuno dei quali vi è un motivo dittologico (le coppie nominali dei vv. 1, 3 e 7 e il parallelismo del v. 6), sì che l'intera costruzione si riconduce ad un unico modello binario (la circolarità è rilevata nella seconda quartina dal concorrere al centro delle due dittologie e dalla rima derivativa *allena*: *lena*):

Con grande *umilitate e pacïenza*
promisi a Amor a sofferir sua pena,
e ch' *ogne membro ch' i' avea, e vena*
disposat' era a farli sua voglienza.
E solo a lui servir la mia credenza
è ferma, né di ciò mai non allena:
insin ched i' avrò *spirito o lena*,
i' non farò da ciò già ma' partenza.

(V, 1-8)

L'enunciato rimane nella sostanza immutato nei quattro distici, ma viene via via declinato secondo diverse categorie, ruotando sotto i nostri occhi come le facce di un cristallo. Così, nei distici finali delle due quartine, alla coppia di sostantivi concreti (e disgiunti da iperbato) del v. 3, si oppone quella di sostantivi astratti (e contigui) del v. 7; e analogamente all'enunciato positivo del v. 4, quello negativo del v. 8.

Il legame con l'amorosa teologia del *Detto* si manifesta fin nei tempi verbali. Proprio il sonetto quinto, dove è esposto il credo di Amore, vede intervenire, dopo il passato dei primi versi, un presente (*è ferma, non allena*), che sarà subito seguito da un futuro (*avrò, farò*) sì da abbracciare la totalità dei tempi. Analogamente, al v. 7 del son. III, l'intervento del presente *sia*, rompendo la concordanza grammaticale che esigerebbe un passato, vale a sottrarre l'enunciato a ogni determinazione temporale, conferendogli un valore assoluto (seguirà infatti l'infinito, il modo « assoluto » per eccellenza):

Del mese di gennaio, e non di maggio,
fu quand' i' presi Amor a signoria
e ch' i' mi misi al tutto in sua balìa
e saramento gli feci e omaggio;
e per più sicurtà gli diedi in gaggio
il cor, ch' e' non avesse gelosia
ched i' fedel e puro i' no gli *sia*,
e sempre lui *tener* a segnor maggio

(III, 1-8)

(si badi che proprio da una determinazione di tempo, stagionale, il sonetto prende le mosse). In realtà il rapporto tra l'Amante e Amore assume nel *Fiore* forme profondamente diverse dal corrispondente episodio del *Roman de la Rose*. Esso perde interamente il carattere dialogico e dialettico che aveva nel romanzo (dove l'Amante espone ad Amore i suoi dubbi e le sue esitazioni, avendone da lui chiarimenti), per costituirsi come vincolo assoluto, di fede, appunto, definito nella sostanza fin dalla prima battuta di Amore (« I' sí ti tengo in mia balía [2] », I, 6), sí che i gesti e le parole che seguiranno

---

[2] Sempre per designare il dominio di Amore, il vocabolo è usato al v. 65 della canzone *La dispietata mente*:

de' messi del signor che m' ha in balia.

Anche la terza battuta di Amore:

e disse: « Pensa di farmi lealtate »

(II, 14)

trova riscontro in quella, pure di Amore, del sonetto *Io mi senti' svegliar* 5:

dicendo: « Or pensa pur di farmi onore ».

appaiono come atti rituali miranti a consacrare una soggezione già avvenuta.[3]

A questa fedeltà al Dio l'Amante non verrà mai meno nel corso della vicenda, nemmeno nei momenti di maggiore contrarietà, tanto che proprio per questa irremovibile costanza egli sceglierà di nominarsi con la forma intera del suo nome: Durante, cioè colui che dura, che è fermo in Amore. A Ragione che per due volte cerca di distoglierlo da Amore (IX-X; XXXV-XLVI), egli contrappone l'assoluto del vincolo che lo lega al Dio. Tornano allora ad echeggiare sulla bocca dell'Amante le equivocazioni del *Detto*:

> ched i' son fermo pur di far su' *grado*,
> perciò che mi promise fermamente
> ched e' mi metterebbe in alto *grado*
> sed i' 'l servisse bene e lealmente
>
> (X, 9-12)

(cfr. *Detto* 63-64 e anche 275-6), insieme ad altre espressioni del primo poemetto (cfr. ad es. al v. 2 dello stesso sonetto il participio *inservito*, usato anche al v. 6 del *Detto*). Lo stesso Amico,

---

[3] In forme analoghe, di assoluto dominio spirituale e corporeo è descritta la soggezione ad Amore nel secondo capitolo della *Vita Nuova.* Entro la mutata terminologia poetica, dominata dalla scienza scolastica, si sorprendono ancora echi della metafora feudale del *Fiore.* Si confronti allora il brano:

« D'allora innanzi dico che *Amore segnoreggiò* la mia anima, la quale fu sì tosto a lui disponsata, e cominciò a prendere sopra me tanta *sicurtade e tanta signoria* per la vertù che li dava la mia imaginazione, che me convenia fare tutti li suoi piaceri compiutamente »

con questo del *Fiore*:

> Del mese di gennaio, e non di maggio,
> fu quand' i' *presi Amor a signoria,*
> e ch' i' mi misi al tutto in sua balia
> e saramento gli feci e omaggio;
> e per più *sicurtà* gli diedi in gaggio
> il cor...;
>
> (III, 1 ss.)

e si aggiunga che la clausola consecutiva *tanta... che me convenia fare tutti li suoi piaceri compiutamente*, riecheggia quella: *sì che convien che tu mi sie ubbidente* (II, 8), mentre *disponsata* « sposata » rimanda (sia pure per sola analogia di suono) al *disposata* « disposta » di V, 4. Si annuncia però anche, subito, l'antitesi col *Fiore*, proclamandosi la conformità dell'amore di Beatrice ai dettami della ragione:

« E avvegna che la sua imagine, la quale continuatamente meco stava, fosse baldanza d'Amore a segnoreggiore me, tuttavia era di sì nobilissima vertù, che nulla volta sofferse che Amore mi reggesse sanza lo fedele consiglio de la ragione in quelle cose là ove cotale consiglio fosse utile a udire » (II, 9), dove il *consiglio de la ragione* ricorderà senz'altro il *consiglio Ragion* (XLIX, 6), che l'amante del *Fiore* respinge da sé, e risale ultimamente a *le conseil Raison* di *Rose*, 4150.

nell'impartire all'Amante spregiudicati consigli di arte amatoria, mantiene però intatto l'obbligo di obbedienza al Dio (XLIX 9-11), sì che quando Amore tornerà nuovamente da lui, egli potrà confermargli la fedeltà del suo cuore (LXXVII). Così nel finale dell'opera ritorna la proposizione di fede degli inizi:

In nessun altro iddio che te non crede,
e tuttora a ciò è stato fermo e stante.

(CCXXVII, 5-6)

E la simbologia religiosa svolgerà un ruolo preminente nella rappresentazione cifrata dell'atto sessuale con cui termina il racconto. Al pellegrino d'Amore il corpo della donna si presenta come un'immagine sacra, contenente miracolose reliquie: essa era già presente nel *Roman de la Rose* (20797-816; 21215-50), ma Dante la svolge in maniera originale, aggiungendovi di suo il potere taumaturgico, già accennato nel *Detto* (cfr. p. 26):[4]

Troppo avea quell' imagine 'l visaggio
tagliato di tranobile fazzone:
molto pensai d' andarvi a processione,
e di fornirvi mie pelligrinaggio.
E sì non mi saria paruto oltraggio

[4] Va notato che proprio su questi effetti taumaturgici si incentra il misterioso componimento spedito dal Cavalcanti a Guido Orlandi, *Una figura della Donna mia*, a celebrazione dei miracoli prodotti da « una figura dipinta di santa Maria in un pilastro della loggia d' Orto San Michele »:

E qual con devozion lei s' umilìa,
chi più languisce, più n' ha di conforto:
li 'nfermi sana e' domon' caccia via
e gli occhi orbati fa vedere scorto.
Sana 'n publico loco gran languori;
con reverenza la gente la 'nchina.

(vv. 5-10)

La consonanza tra i due sonetti fornisce un'ulteriore conferma dell'intimità dei rapporti tra Dante e Cavalcanti all'epoca del *Fiore* (cfr. pp. 98-99). D'altra parte già nel Cavalcanti questa (ironica?) professione di fede si incrocia con una velata polemica contro i frati Minori, che diventa esplicita nella difesa fattane dal suo interlocutore:

Li Fra' Minori – sanno la divina
iscrittura latina,
e de la fede son difenditori
li bon' Predicatori:
lor predicanza è nostra medicina.

(Guido Orlandi, son. *S' avessi detto, amico, di Maria*)

È noto che proprio la satira contro gli ordini mendicanti è al centro del discorso di Falsembiante nel *Fiore*.

di starvi un dì davanti ginocchione,
e poi di notte esservi su boccone,
e di donarne ancor ben gran logaggio.
    Ched i' era certan, sed i' toccasse
le 'rlique che di sotto eran riposte,
che ogne mal ch' i' avesse mi sanasse;
e fosse mal di capo o ver di coste
od altra malattia, che mi gravasse,
a tutte m' avria fatto donar soste.

(CCXXIV)

Mentre dopo la conclusione del suo pellegrinaggio, giunto al tempio dell'Amore, l'Amante scioglierà un ringraziamento al suo Dio, rinnovandogli la sua fede:

    Quand' i' mi vidi in così alto grado
tutti i mie' benfattori ringraziai,
e più gli amo oggi ch' i' non feci mai,
che molto si penar di far mi' grado.
Al Die d' amor ed a la madre i' bado,
e a' baron de l' oste chiamo assai
d' essere lor fedele a sempre mai,
e di servirgli, e non guardar ma' guado.

(CCXXXI)[5]

Anche la favola del *Fiore* finisce quindi per ruotare intorno ad un asse fisso rappresentato dalla irremovibile fedeltà al Dio. Ma la differenza col *Detto* è radicale. A parte i sonetti iniziali, la fedeltà

---

[5] Oltre al principio e alla fine dell'opera, due riferimenti alla religione d'Amore si hanno anche nel suo mezzo: nella *transitio* del sonetto XVII (5-8) lo splendore di Venere è contrapposto alle virtù dei santi, con antitesi simile a quella del sonetto V:

A voler raccontar de' suo' sembianti
e de la sua tranobile fazzone,
sarebbe assai vie più lungo sermone
ch' a sermonar la vita a tutti i Santi.

Così il verso finale del sonetto XXVI:

In poca d' or sì 'l fatto mi bistorna
che d' abate tornai men ch' a converso,

richiama l'immagine del « convento d' Amore » prospettata nel *Detto*, anche se con ironia ignota al primo poemetto. Si tratta di una variazione su di un tipo popolare, caro specialmente ai comici (*fatta siete reina, di contessa*, Rustico son. *Non riconoscereste*, 13; *ched esser ricch' e divenir mendico / è appo quell'un farsi 'mperadore*, Cecco, son. *Sed i' avess' un mi' mortal nemico*, 7-8), ma presente anche altrove (*e nel pensar di me facea marchese / e schiavo: tanto salia e montava,* Chiaro, son. *Adimorando 'n istrano paese*, 7-8).

ad Amore non sarà più celebrata come esclusivo valore, ma sarà costretta a misurarsi con le contraddizioni del reale. Il nuovo poemetto non si pone come celebrazione di un « ethos », ma come « storia », narrazione degli ostacoli che il giovane deve superare per pervenire alla conquista della rosa, assegnando un'assoluta preminenza ai valori dell'esperienza. Se il *Detto* ci è parso incarnare l'aspirazione giovanile ad un cosmo di purezza ideale, il *Fiore* ci propone uno scontro col reale. Il suo protagonista si muove secondo un percorso a spirale, in cui il movimento di rotazione intorno al proprio centro si combina col movimento, fortemente progressivo, dell'esperienza.

Gli ostacoli psicologici e sociali dell'amore, che venivano annullati nel mistico cerchio del *Detto*, dove l'adempimento dei comandamenti del Dio bastava da solo ad assicurare il godimento amoroso (e difatti della complessa dinamica di forze che nel *Roman de la Rose* ostacolano la conquista della rosa solo Gelosia era accennata, ma per negarle qualsiasi potere, richiamandosi alle promesse di Amore; cfr. 271-5), passano ora in primo piano. Nel principio, proprio là dove ci è parso di vedere allusa l'amorosa iniziazione del *Detto*, il protagonista ci appare ancora ignaro della realtà. Preso in un rapporto esclusivo col Dio, egli non vede gli ostacoli che si frappongono al suo desiderio,[6] illudendosi in un'immediato possesso del simbolico fiore: *e dissi*: *Chi mi tien ched i' nol prendo?*, VI 8 (la domanda retorica dà espressione drammatica all'illusione soggettiva in cui l'io è preso).[7] L'intervento del tutto inatteso di Schifo (la ritrosia della donna), che scaccia il protagonista dal giardino di Piacere (son. VI), aprirà un itinerario di esperienza, durante il quale egli sarà costretto a misurarsi con le resistenze del reale, così psicologico (Schifo, Paura, Vergogna), come sociale (Gelosia, Malabocca), che metteranno a dura prova la sua fede. Il principio della corresponsione amorosa finirà anche qui per prevalere: l'immagine di Venere che, nel finale del racconto fa scoccare il suo brandone ardente, mettendo fuoco al castello di Gelosia, corrisponde, con cal-

---

[6] Ciò è meno vero per il protagonista del *Roman de la Rose*, al quale fin dall'inizio eran apparsi i quattro guardiani che sorvegliano la rosa (2823-2878).

[7] L'inganno soggettivo si riproporrà anche molto più avanti, dove però il poeta sarà in grado di ironizzare su se stesso:

> Delle sue cose i' non fu' rifusante;
> ma spesso falla ciò che 'l folle crede:
> così avvenne al buon di ser Durante.
>
> (CCII, 12-14)

colata simmetria, a quella inaugurale del ferimento dell'amante da parte di Amore. Ma tra i due poli si dispiega una realistica fenomenologia dell'amore, che ha nell'allegoria il suo strumento operativo.[8] Messa a confronto con i dati dell'esperienza, l'etica cortese si rivelerà inadeguata: l'amante si vedrà costretto ad un gioco assai più difficile e insidioso, che prevede anche il ricorso alla negazione al fine di placare la negatività del reale.

La preminenza accordata ai dati obiettivi dell'esperienza, rispetto ai valori ideali, sembra annunciata fin dall'inizio, in un particolare di struttura che risalta anche nei confronti del *Roman de la Rose*: il *Fiore* manca di un prologo, cioè di un « principio » che orienti e diriga l'azione, iniziando subito con il ferimento del Dio (*Lo Dio d'amor con su' arco mi trasse*).[9] Se per il *Detto*, in cui il principio si ricongiunge alla fine, abbiamo potuto citare l'analogia della terza cantica della *Commedia*, per questa vistosa assenza non sapremmo indicare altro che l'inizio della prima cantica, il cui *ex abrupto* (isolato all'interno dell'opera dantesca, dove il prologo, come principio informatore dell'insieme, svolge in genere un ruolo essenziale) non ha mancato di sorprendere uno studioso sottile come il Pézard.[10] In realtà il *Fiore* si presenta già come un'esplorazione del negativo, tale da anticipare alcuni tratti della grandiosa mappa disegnata dal viaggio infernale: Dante sembra rivivere in proprio il formidabile conflitto di personalità e di epoche racchiuso nel *Roman de la Rose*, contrapponendo all'idealismo adolescenziale del primo poemetto un grande saggio di « realismo » comico. Così ai comandamenti di Amore si sostituiranno le arti di Amico e della Vecchia, dettate da una dissacrante esperienza dell'amore, mentre la dinamica stessa della narrazione porterà a superare, con Falsembiante, i limiti della favola amorosa, per investire gli aspetti etici e religiosi del negativo.

---

[8] Così la metafora religiosa non svolgerà più il ruolo dominante che essa aveva nel *Detto*. Accanto ad essa interverranno altri non meno importanti complessi metaforici (appena accennati o assenti dal *Detto*), come quello – estesissimo – della guerra (XI 7-8; XXII 1; XXXI 5; LXXVIII ss.; CCVI-CCXXV), a rappresentare gli aspetti conflittuali della passione, o quelli della navigazione (XXI 5-8; XXXIII; XXXV 4; XLVIII 7-8; LVI; ecc.) e del cammino d'amore (LXVIII 13-14; LXIX 13-14; LXX-LXXV; ecc.), a rappresentare un itinerario rischioso di esperienza.

[9] Il *Fiore* avrà invece un esodo (CCXXXI-CCXXXII), a suggellare il compimento, il superamento degli ostacoli. Esso manca (almeno secondo la nostra ipotesi che l'opera non sia incompleta alla fine) nel *Detto*, dove, in un certo senso, lo stesso prologo funge da esodo.

[10] Cfr. A. PÉZARD, *Dante sous la pluie de feu, Paris*, 1950, pp. 318-20.

Alla base del contrasto tra i due poemetti vi è una trasformazione profonda nella natura dell'amore. L'amore del *Fiore* appare estraneo alla dolcezza ideale che permeava il primo poemetto, la quale aveva per sua condizione un'indefinita sospensione del desiderio. Fin dal primo sonetto, in cui si descrivono le piaghe aperte dalle frecce del Dio, l'amore si presenta come una malattia, un malessere dei sensi, che tende implacabilmente verso la soddisfazione sessuale. Così nelle sue risposte a Ragione l'amante non farà più che un cenno fugacissimo alle virtù di Amore, in un verso (*ché sanza amor non è altro che 'nvia*, XXXVIII 11) che è ripreso dal *Detto* (*sanz'Amor sì è 'nvia*, 153), mentre tornerà a ribadire il vincolo che lo lega ad Amore, il quale si presenta come una coazione da cui non possono sciogliierlo i mezzi della ragione (*ché trovar non potea nullo argomento / di trarmi del laccio in ch' Amor mi prese*, XLVII 3-4). Se l'amore nobilmente idealizzato del *Detto* poteva ancora sperare di conciliarsi con l'amore divino (cfr. p. 23), qui il conflitto diventerà insanabile, e la fede amorosa sarà sostitutiva della fede cristiana (cfr. V 13-14 e CCXXVII 4-5).[11]

Il compito di iniziare l'amante all'esperienza dell'amore è svolto da Amico. A lui, che già gli aveva dato consigli per vincere lo Schifo (son. XI), l'amante ricorre nuovamente dopo che Malabocca (la maldicenza), divulgando la notizia del bacio dei due amanti, ha provocato la reazione di Gelosia, la quale ha fatto costruire intorno al fiore difese che sembrano inespugnabili. L'accumularsi di circostanze avverse, rappresentato dall'antica dea Fortuna (XLVIII 4), ha precipitato l'amante in un inferno amoroso, dove le pene sono atroci quasi quanto la morte (*ond' i' fu' quasi morto*, XXXIII, 14), mentre ai dannati è negato il bene della speranza (il sonetto è da leggere proprio in antitesi all'ottimismo teologico del *Detto*; cfr. pp. 21-22):

Pianti, sospiri, pensieri e affrizione
ebbi vernando in quel salvaggio loco,
che pena del ninferno è riso e gioco
ver quella ch' i' soffersi a la stagione:
ch' Amor mi mise a tal distruzïone
che non mi diè soggiorno assa' né poco;

[11] Per un simile conflitto tra fede amorosa e fede cristiana sul versante tragico della poesia dantesca, si ricordi la terza stanza della canzone *Lo doloroso amor*, in cui si immagina che al poeta condannato dal giudizio divino al castigo infernale, la contemplazione della donna annulli ogni pena.

un' or mi tenne in ghiaccio, un' altra 'n foco:
molto m' attenne ben sua promessione!
  Ma non di gioia né di nodrimento;
ch' e' di speranza mi dovea nodrire
insin ched e' mi desse giuggiamento:
digiunar me ne fece, a ver vo' dire!
Ma davami gran pezze di tormento,
con salsa stemperata di languire.

(XXXIV)[12]

Amico si presenta come un uomo di mondo, la cui disillusa esperienza fa da singolare contrasto con l'innocenza del protagonista. La soluzione da lui prospettata vedrà unirsi un'inflessibile fedeltà al Dio (cfr. XLIX, 9-11) con una totale spregiudicatezza nell'agire pratico, proponendo di fatto una separazione tra l'assoluto della fede e la relatività del reale, che si direbbe quasi analoga – nell'ambito della religione amorosa – alla disgiunzione tra teologia e scienza professata dagli averroisti: soluzione compendiata nel principio del suo discorso, dall'ironica aggiunta dell'aggettivo *saggio*, indicante mondana sapienza, al tradizionale *fino* dell'amore cortese (*ched i' ti dirò tutta la sentenza / di ciò che de' far fin amant' e saggio,* XLIX, 13-14). La sua arte, di ispirazione ovidiana, procede, non in base ad una norma etica (come i comandamenti di Amore), ma in base ad una conoscenza delle leggi obiettive che regolano l'agire umano. La violenza del linguaggio, carico di elementi realistici e idiomatici (in contrasto col linguaggio cortese finora dominante), vuole tradurre una violenza oggettiva della realtà, la forza con cui essa resiste all'ideale. Denudata di ogni sovrastruttura ideale, la donna ci appare dominata dall'inflessibile determinismo degli istinti,[13] che trova espressione nella crudezza delle immagini animali del cane (LVIII, 7-8) e dell'anguilla (LXXII, 12-14), mentre il suo agire, guidato da un calcolo materiale, è visto in aperta antitesi rispetto ai valori della « cortesia » (LVIII, 4). Le convenzioni amatorie sono sottoposte da Amico ad un brutale smascheramento: mentre si dichiara la finalità sessuale dell'amore, cui le chiuse lapidarie dei

---

[12] Siamo nel punto in cui termina la prima parte del *Roman de la Rose*. La conclusione « catastrofica » del romanzo di Guillaume, appare interpretata da Jean come segno del fallimento di un agire « ideale », quale è stato finora quello del protagonista.

[13] È evidente che questo determinismo psicologico era già implicito nell'adozione dell'allegoria, che scompone la donna in un gioco di forze che trascendono il suo essere individuale. Esiste infatti una rigorosa consecuzione tra questa premessa di base e gli svolgimenti successivi.

sonetti conferiscono una sorta di assolutezza (*Prendila e falle il fatto che ti sai!*, LXIV, 14; *Allor la prendi e sì le 'nnaffia l'orto*, LXVI, 14), il codice cortese si mostra sotto l'insegna della menzogna, dell'apparenza.[14]

Per avere successo nel mondo rischioso dell'amore, il protagonista dovrà di necessità adottarne la legge di simulazione. Questa è infatti la chiave che Amico ha da fornire all'amante: la capacità superiore di separare il proprio atteggiamento dalle sue convinzioni ideali, sì da regolarlo secondo le mutevoli esigenze imposte dalle circostanze. Per vincere le difficoltà in cui l'ha fatto precipitare Malabocca, Amico suggerisce all'amante di fingere disinteresse per la donna e amore per i malparlieri:

A Malabocca vo' primieramente
che tu sì no gli mostri mal sembiante,
ma se gli passe o dimore davante,
umile gli ti mostra ed ubbidente.

(L, 1-4)

Nella sua arte (ché proprio di un'arte si tratta, nel senso teatrale del termine), la parola *sembiante* assume il valore di parola chiave, svelando il segreto di finzione che regola il commercio mondano dei sessi:

Di pianger vo' che faccie gran sembianti,
dicendo che non puo' viver sanz' essa

(LIII, 7-8)

sembianti fa che sie forte crucciato,
e partiti da lei san dir niente

(LV, 7-8)

e fa sembiante che non hai che farne

(LV, 11)

E se la truovi l' opera faccendo,
non far sembiante d' averla veduta.

(LXII, 9-10)

La parola cortese, urtando contro la violenza della motivazione sessuale che la sottende, manifesta il suo inganno:

Né no lla respittar già per su' detto:
s' ella chiede merzé, cheggala al muro.

---

[14] Per la verità già nel primo incontro con Amico, dove egli suggeriva di ricorrere all'umiltà e alla sottomissione per vincere la resistenza di Schifo (XI, 9-14), la qualità cortese dell'umiltà si presentava nell'ambigua veste di atteggiamento necessario per ottenere i favori della donna.

Tu le dirai: « Madonna, i' m' assicuro
a questo far, ch' Amor m' ha sì distretto
di vo', ched i' non posso aver soggiorno;
per che convien che vo' aggiate merzede
di me, che tanto vi son ito intorno;
ché siate certa ched i' v' amo a fede,
né d' amar voi già mai non mi ritorno,
ché per voi il me' cor salvar si crede ».

(LX, 5-14)

Così la lode della donna, che rappresentava nel *Detto*, come poi nella *Vita Nuova*, il punto di più alta tensione poetica, si presenta qui stravolta in chiave comica, rivestendosi dei colori seducenti della frode:

Quando fai ad alcuna tua richesta,
o vecchia ch' ella sia o giovanzella,
o maritata o vedova o pulzella,
sì convien che la lingua tua sia presta
a le' lodar suo' occhi e bocca e testa,
e dir che sotto 'l ciel non ha più bella:
« Piacesse a Dio ch' i' v' avesse in gonnella
là ov' io diviserei, in mia podesta! »

(LVII, 1-8)

Sovr'ogne cosa pensa di lusinghe,
lodando sua maniera e sua fazzone,
e che di senno passa Salamone:
con questi motti vo' che la dipinghe.
Ma guarda non s' avvegga che t' infinghe,
ché non v' andresti mai a processione;
non ti varrebbe lo star ginocchione:
però quel lusingar fa che tu 'l tinghe.

(LXV, 1-8)

E analogo rovesciamento subisce un altro tema prediletto dall'alta lirica dantesca, quello della visione amorosa (cui è dedicato nientemeno che il primo sonetto della *Vita Nuova*):

E se tua donna cade in malattia,
sì pensa che la faccie ben servire,
né tu da lei già mai non ti partire:
dàlle vivanda ch' a piacer le sia;
e po' sì le dirai: « Anima mia,
istanotte ti tenni in mio dormire

intra le braccia, sana, al me' disire:
molto mi fece Iddio gran cortesia,
che mi mostrò sì dolze avisïone ».

(LXVII, 1-9)

Lo stesso rituale del servizio amoroso, di cui pure Amico suggerisce la pratica incessante (*di le' servir non ti vegghi mai lasso*, LXIII, 11; *a le' servir tuttor pensa e lavora*, LXIV, 8), risulterà efficace solo ponendosi sotto la cifra ardente della simulazione. All'amante non si richiede virtù, ma le doti mimetiche e illusionistiche dell'attore. Per vincere il cuore della donna, egli dovrà perdersi in una recitazione continuata, modellando il proprio essere su quello di lei:

A sua maniera ti mantien tuttora:
ché s' ella ride, ridi, o balla, balla;
o s' ella piange, pensa a consolalla,
ma fa che pianghe tu sanza dimora.

(LXIV, 1-4)

È, infine, una forma di superamento dell'io che Amico propone, dove però, anziché perdersi nell'essenza del divino, il soggetto è invitato a giocare se stesso, scoprendo la propria intima teatralità.

Gli insegnamenti di Amico apriranno all'amante la via per la conquista del fiore. Pur con forte riluttanza (LXVIII-LXX), egli si vedrà costretto ad accettarne il consiglio, esponendo il proprio io ad uno sdoppiamento simulatore: nell'esercito di Amore (LXXIX), accanto alle « grazie e virtuti » cortesi, faranno la loro comparizione le figure di Falsembiante e Costretta-Astinenza, il cui aiuto sarà essenziale per penetrare nel castello di Gelosia. Nel tratto di racconto che narra l'uccisione di Malabocca e i patteggiamenti con la Vecchia, l'io si ritirerà dalla scena cedendo il posto all'inquietante *double* di Falsembiante, e ricomparirà solo dopo che la Vecchia si sarà ritirata (CXL, 14). Oltre alla simulazione una funzione importante svolgeranno i doni fatti dall'amante a Bellaccoglienza e alla Vecchia (CXXXVIII; CXCVIII), seguendo un preciso precetto di Amico (LII, 9-14), ché nel realistico universo del *Fiore* più non vige l'assoluta gratuità di Amore affermata nel *Detto*.

Nella seconda parte del poema troverà luogo l'arte della Vecchia, che di quella di Amico rappresenta la controparte femminile. Le convenzioni cortesi, che Amico aveva violentemente demolito, formano qui la veste sontuosa in cui si addobba l'amore mercenario.

Dei comandamenti di Amore la Vecchia scardina i due fondamentali che prescrivono all'amante di essere largo del proprio avere e di investire il suo amore in un unico oggetto (cfr. *Detto*, 449-452 *Sie largo; e, d'altra parte, / non far del tu' cuor parte*: / *tutto 'n quel luogo il metti / là dove tu l'ammetti*):

L' un dice che 'n un sol luogo il tu' core
tu metta, sanza farne partimenti;
l' altro vuol che sie largo in far presenti:
chi di ciò 'l crede, falleria ancore.
In nulla guisa, figlia, vo' sia larga,
né che 'l tu' cuor tu metti in un sol loco;
ma, se mi credi, in più luoghi lo larga.

(CLVI, 5-11)

La cupidigia, indicata già qui, come poi nella *Commedia*, dall'immagine della lupa (CLXVII), è la molla segreta che dirige l'azione della donna, sostituendosi all'amore. Il denaro diventa in lei una specie di assoluto (come il sesso in Amico), generando un totale corrompimento dei valori. Si prenda ad esempio questa quantificazione del verbo *amare*:

I' lodo ben, se tu vuo' far amico,
che 'l bel valletto, che tant' è piacente,
che de le gioie ti fece presente
e hatti amata di gran tempo antico,
che tu sì l' ami; ma tuttor ti dico
che tu no ll' ami troppo fermamente;
ma fa che degli altr'ami saggiamente,
ché 'l cuor che n' ama un sol, non val un fico;

(CLVIII, 1-8)

o questo dissacrante accostamento di *servire* e *pagare*:

Per che già femina non dee servire
insin ch' ella non è prima pagata.

(CLXXIX, 10-11)

Proprio all'opposto del *Detto*, che contrapponeva alla ricchezza il valore puro di Amore, ora il valore della donna sarà determinato dal suo costo, estendendosi all'amore i valori della sfera economica:

ché quanto ch' ella costa più di grosso,
più fia tenuta cara, dir lo posso,
e più la vorrà que' tuttor amare.

Ché tu non pregi nulla cosa mai
se non è quel che tu n' avra' pagato:
se poco costa, poco il pregerai;
e quel che ti sarà assai costato
a l' avvenante caro il ti terrai,
con tutto n' aggie tu ben mal mercato.

(CLXXIV, 6-14)

Se nella dottrina cortese si garantiva la corresponsione dell'amore (*Amor ch' a nullo amato amar perdona*), qui chi ama di più sarà sottoposto ad una più dura rapina:

e sì sarebbe il primo dispogliato
colui che più cara mi tenesse.

(CLIII, 3-4)

Anche qui, come in Amico, il rapporto tra i sessi è regolato dalla legge della simulazione e dell'inganno, sì che il fine reale della donna (il denaro), dovrà essere occultato sotto le parole e i gesti dell'amore:

E quando sol a sol con lui sarai,
sì fa che tu gli facci saramenti
che tu per suo danar non ti consenti,
ma sol per grande amor che tu in lui hai.

(CLX, 1-4)

Gran festa gli farai e grand' amore,
e dì come gli ti se' tutta data,
ma non per cosa che t' aggia donata,
se non per fino e per leal amore.

(CLXXIII, 1-4)

L'elemento teatrale diventa così dominante nell'arte della Vecchia, specie nella seconda parte (CLXXV-CLXXXIX), dove l'orchestrazione dell'inganno assume movenze da commedia. I due protagonisti sono l'amante ingenuo, che vive nell'illusione istintiva dell'amore, e la donna, che la domina in una recitazione consapevole, riflessa. La protagonista di quest'arte è una splendida teatrante, dove i sentimenti dell'amore, l'ardore, gli sdegni, il tremore, si fanno pura finzione, *segni*, *sembianti* appunto, svuotati di ogni intima sostanza:

Faccia sembianti che molto le tarda
ched ella fosse tutta al su' comando;

(CLXVI, 12-13)

E quando un altro vien, gli faccia segno
ched ella sia crudelmente crucciata,

(CLXXVII, 9-10)

Sì de' la donna, s' ell' è ben sentita,
quando ricever dovrà quell' amante,
mostralli di paura gran sembiante,
e ch' ella dotta troppo esser udita,
e che si mette a rischio de la vita.
Allor de' esser tutta tremolante,

(CLXXX, 1-6)

Con tutto ciò se ne mostri dogliosa
di fuor, ma dentr' al cuor ne sia gioiosa.

(CLXXXIV, 5-7)

Lo stesso godimento dell'amore può farsi in lei recitazione, nella simulazione del piacere:

E se la donna non v' ha dilettanza,
sì s' infinga in tutte guise che sia;
sì gline mostri molto gran sembianza:
istringal forte e bascil tuttavia;
quando l' uom avrà sua dilettanza,
sì paia ch' ella tramortita sia.

(CLXXXVII, 9-14)

È come se dei lucenti miti dell'amore ci venisse mostrato il rovescio della tela, la trama di sapienti sotterfugi che condizionano l'amante. I sentimenti amorosi, cantati nella tradizione cortese come espressione dell'assoluto lirico, si rivelano come effetto di un calcolo:

E nella gioia c'ha, gli metta impaccio,
sì ch' egli abbia paura e disconforto:

(CLXXXVI, 5-6)

Se l' uom può tanto far ched ella vada
al su' albergo la notte a dormire,
sì de' alla femina ben sovvenire
ched ella il faccia star un poco a bada.
E que' che guarderà tuttor la strada,
certana sie che gli parrà morire,
insin ched e' no lla vedrà venire.

(CLXXXVIII, 1-7)

Ecco ancora il « ferimento » d'Amore generarsi per effetto di una consapevole civetteria della donna:

E gentamente vada balestrando
intorno a sé, cogli occhi, a chi la guarda,
e 'l più che puote ne vad' accroccando,

(CLXVI, 9-11)

mentre la sua stessa bellezza si rivela come un « trucco »:

E s' ella non è bella di visaggio,
cortesemente lor torni la testa,
e sì lor mostri, sanza far arresta,
le belle bionde trecce da vantaggio.
Se non son bionde, tingale in erbaggio
e a l' uovo, e po' vada a nozze e a festa.

(CLXVI, 1-6)

Così l'arte della Vecchia, benché sia rivolta alla controparte femminile, si può considerare come una fase ulteriore nell'itinerario di esperienza del protagonista. Se nell'arte di Amico egli poteva ancora illudersi di dominare il gioco, qui egli riesce a vedersi come oggetto dell'inganno.[15] C'è un passo nel discorso della Vecchia dove le incertezze studiosamente generate dalla donna nell'amante sull'esito della sua richiesta:

Cortesemente da te sì 'l ne manda
e stea il su' fatto tuttora in bilanza,
sì ch' egli abbia paura ed isperanza
insin che sia del tutto a sua comanda,

(CLXXII, 1-8)

sono descritte in maniera assai simile ad uno dei primi sonetti del poema:

Or m' ha messo in pensero e in dottanza
di ciò ched i' credea aver per certano,
sì ch' or me ne par essere in bilanza.

(VII, 9-11)

La sostituzione del pronome *io* con *egli* ci mostra il cammino percorso dall'amante, che dall'immedesimazione lirica iniziale è giunto ora a vedersi come un « altro ».

Il contrasto tra questa immagine dell'amore e quella offertaci dall'adolescenziale credo del *Detto*, è tale da ricordare, all'inverso, la

---

[15] Non a caso la Vecchia inveisce contro l'amante « folle », preso in un cerchio di soggettiva illusione, tanto che la stessa rapina della donna appare come una punizione della sua presunzione:

Quando 'l cattivo, che sarà 'ncacato,
la cui pensea non serà verace,
sì crederà che 'l fatto su' ti piace
tanto, ch' ogn' altro n' hai abbandonato,
e che 'l tu' cuor gli s' è tretutto dato...

(CLXXXIII, 1 ss.)

trasformazione subita dalla femmina balba nel sogno del *Purgatorio* (XIX), cui lo sguardo amoroso del poeta ravviva di colori di bellezza le membra deformi:

> mi venne in sogno una femmina balba,
> ne li occhi guercia, e sovra i piè distorta,
> con le man monche, e di colore scialba.
> Io la mirava; e come 'l sol conforta
> le fredde membra che la notte aggrava,
> così lo sguardo mio le facea scorta
> la lingua, e poscia tutta la drizzava
> in poco d' ora, e lo smarrito volto,
> com' amor vuol così le colorava.
>
> (vv. 6-15)

Il cammino che porta alla conquista della rosa viene quindi a coincidere con un processo di disillusione del soggetto. L'amore sensuale si presenta già nel *Fiore* sotto le guise della finzione e dell'inganno, sì da prefigurare il simbolo infernale della *lonza . . . che di pel macolato era coverta* (*Inf.*, I, 32-33), o anche *la lonza a la pelle dipinta* (*ib.*, XVI, 108), dove « dipinto » sarà poi attributo degli ipocriti. Se il centro del *Detto* era occupato dalla lode della donna, quasi segno visibile dell'essenza di Amore, quello del *Fiore* è occupato dal lungo discorso in cui Falsembiante ci svela le sue trame. Ripercorrendo il cammino del secondo autore del *Roman de la Rose*, il poeta del *Fiore* tenta di conciliare la fedeltà ad Amore con la spregiudicata consapevolezza della « realtà » dell'amore, da cui sono stati strappati i veli dell'illusione cortese.

All'antitesi ideale tra i due poemetti corrisponde un sommovimento profondo nelle coordinate culturali. La cultura del *Fiore* si caratterizza per gli stretti legami coi comici (Rustico e Cecco) da un lato, con il Cavalcanti e le altre figure del cenacolo stilnovista dall'altro. Strettissimi sono in particolare, come rileva il Contini, i rapporti col Cavalcanti, tanto da indurci a scorgere proprio in lui il principale ispiratore dell'opera (come Brunetto poteva esserlo del *Detto*). Numerosi sono gli echi della sua poesia, di cui uno proprio in apertura (*per gli occhi il core / mi passò*, I, 9-10, che riprende l'*incipit* del sonetto *Voi che per li occhi mi passaste 'l core*), quasi che il poeta volesse porsi esplicitamente sotto il patrocinio del suo più autorevole amico.[16] La stessa piena adozione dell'allegoria del *Roman de la Rose*, che vede ora scomposta l'essenza della donna (ancora integra nel *Detto*) in un gioco di agenti impersonali, appare conforme alla ricerca cavalcantiana, mirante ad una oggettivazione drammatica delle realtà interiori. Ma poi l'amore passionale e irrazionale del *Fiore* presenta palesi affinità con la visione del secondo Guido,[17] mentre già in questi la passione coesiste con la consapevolezza del suo valore di illusione, che riceve forza dall'immaginazione del soggetto, destinata per ciò stesso ad avere breve durata (« poco soggiorna », canz. *Donna me prega*, 48). L'esperienza comica del *Fiore* porterebbe allora alle estreme conseguenze le premesse del cavalcantismo, come quella tragica della *Vita Nuova* rappresenterà il suo superamento.

Del resto i sonetti iniziali del *Fiore* sono in stretto rapporto con lo stilnovismo dantesco e in particolare con i componimenti della fase cavalcantiana. Alcuni legami furono rilevati dal De Robertis, che li interpretava come prova dell'influsso esercitato sul giovane Dante, prima ancora dell'esperienza cavalcantiana, della lezione del *Fiore*,[18] mentre, almeno in molti casi, il rapporto andrà rovesciato, scorgendovi il segno di una fondamentale coerenza del poeta con la ricerca lirica sua e del suo primo amico. Valore decisivo, in questo senso, mi sembra abbiano alcuni interventi sull'allegoria del *Roman de la Rose*, che ci mostrano l'innesto, sul tronco originario, della fenomenologia stilnovistica. Un primo esempio l'abbiamo già nel primo sonetto, dove Simplece del romanzo è sostituito con Angelicanza (v. 10), che ipostatizza una qualità, un modo d'essere della donna

16 Cfr. G. Contini, *Cavalcanti in Dante*, in *Le Rime* di G. Cavalcanti, Verona, 1966, pp. 85-104; ora in *Varianti e altra linguistica*, Torino, 1970, pp. 442-443. Aggiungiamo qui altre tessere a quelle indicate dallo studioso: *e per la mano / mi prese*, ix, 5-6 (*per man mi prese*, pastorella *In un boschetto*, 20); *e sveglió Gelosia / e Castità, che ciascuna dormia*, xxi, 5-6 (*e destaste la mente che dormia*, son. *Voi che per li occhi*, 2); *ch' i' son certan che 'l vostro cuor non crede / com' io dentro dal mio ne son crucciato*, lxxvi, 5-6 (*Se voi sentiste come 'l cor si dole, / dentro dal vostro cor voi tremereste*, ball. *I' prego voi*, 11-12); *in una battaglia in la qual fu' io*, ccxvi, 6 (*a la battaglia ove madonna è stata*, canz. *Io non pensava*, 11); *E sì non mi saria paruto oltraggio*, ccxxiv, 5 (*E se vi pare oltraggio*, ball. *Fresca rosa novella*, 40). Cfr. anche p. 85, n. 4.

17 Il cavalcantismo si manifesta nella concezione dell'amore come malattia fisica, i cui sintomi principali sono la magrezza e il pallore dell'amante (ix, 6 e 14; x, 3; xlvii, 13-14; xlviii, 1-2; ecc.; cfr. *Donna me prega*, 46: *Move, cangiando color, riso in pianto*). Cavalcantiano è anche il tremore che coglie l'amante al contatto con la rosa (xx, 13).

18 D. De Robertis, *Il libro della Vita Nuova*, cit., pp. 60-63.

decisamente stilnovistico. Un altro esempio è nella quartina iniziale del son. IV:

> Con una chiave d' or mi fermò il core
> l' Amor, quando così m' ebbe parlato;
> ma primamente l' ha nett' e parato,
> sì ch' ogni altro pensier n' ha pinto fore.

L'atto di Amore che serra il cuore del poeta, prendendone possesso in conformità con il rito feudale, trova corrispondenza nel *Roman de la Rose* (1999-2010), dove però Amore non ha cura di sgombrare il cuore del fedele di ogni altro pensiero. La maniera in cui viene introdotto il particolare (attraverso un *ma* avversativo), sembra contenere anzi un appunto polemico al testo francese, di cui un altro indizio è proprio al principio del sonetto precedente, dove il tempo del maggio in cui si pone l'azione del romanzo è sostituito dalla stagione invernale.[19] Ora il gesto di Amore sembra ricordare l'evento descritto nel sonetto del gabbo (*Con l'altre donne*), dove Amore *pinge fore* gli spiriti vitali del poeta, installandosi come ospite esclusivo nel suo cuore (anche se nel *Fiore* non si tratta di *spiriti*, ma di *pensieri*, e il contesto non è terrifico, ma liturgico):

> e quale ancide, e qual pinge di fore,
> sì che solo remane a veder vui.[20]

Neanche il distico finale del sonetto VII, in cui il poeta invoca il soccorso di Pietà, trova corrispondenza nel *Roman de la Rose*:

> Ma di lui [Schifo] mi richiamo a Pïetanza,
> che venga a lui collo spunton in mano,

mentre, come abbiamo indicato precedentemente, consuona con la chiusa del sonetto *Tutti li miei pensier*:

> convenemi chiamar la mia nemica,
> madonna la Pietà, che mi difenda.[21]

---

[19] Il dato potrà rispecchiare un fatto biografico, ma sarà da scorgervi anche l'affermazione dell'autonomia della propria esperienza spirituale rispetto alle vicende naturali. La stessa circostanza stagionale si riproporrà nelle *Petrose*.

[20] Si veda anche la terzina finale del sonetto cavalcantiano *Certe mie rime*:

> E tu conosci ben ch' i' sono Amore;
> però ti lascio questa mia sembianza
> e pòrtone ciascun tu' pensamento.

[21] Nel confronto tra i due passi si tenga presente la diversità dei registri stilistici: nel linguaggio tragico, nobilmente generico, della *Vita Nuova* difficilmente troverebbe luogo un vocabolo così determinato come *spunton* « spiedo, specie di lancia ».

Qui l'analogia coinvolge anche il tempo della rappresentazione: nel sonetto VII e in quello successivo, entrambi di ispirazione dolorosa, il poeta tralascia il tempo storico per il presente lirico. Proprio in questa coppia di sonetti i legami con la lirica giovanile di Dante si fanno strettissimi, mentre assai tenui sono i rapporti col testo francese (cfr. 2951-2970).[22] Una fitta trama di corrispondenze (lessicali, sintattiche, ritmiche) lega la fronte del sonetto:

Molto vilmente mi buttò di fora
lo Schifo, crudo, fello e oltraggioso,
sì che *del fior non cred' esser gioioso,*
se Pietate e Franchezza no ll' accora.
Ma prima, credo, converrà ch' eo *mora*;
per che *'l me' core sta tanto doglioso* (: *nascoso*),

con la prima strofe della canzone *Lo doloroso amor* che « in una cronologia ideale delle rime dolorose per Beatrice (...) occupa certo il posto più antico » (Contini):

Lo doloroso amor che mi conduce
a fin di *morte* per piacer di quella
che *lo mio cor solea tener gioioso,*
m' ha tolto e toglie ciascun dì la luce
che avëan li occhi miei di tale stella
che *non credea di lei mai star doglioso* (: *nascoso*)

(la rima *doglioso*: *nascoso* è anche nel sonetto *Morte villana*). Per tacere di minori riscontri, come l'affinità tra la chiave del sonetto: *Or m' ha messo in pensero e in dottanza* e quella di *O voi che per la via d'Amor passate*: *Or ho perduta tutta mia baldanza* (in rima con *dottanza*), mentre il verso 6 dello stesso sonetto (*e poi imaginate*) *s'io son d'ogni tormento ostale e chiave*, rimanda ai vv. 8-9 del son. VIII: *E di ciascuna* [quistione « tortura »] *porta esso la chiave.*

Per restare sempre in tema di Pietà, la vista di essa lagrimante nel son. XIV:

Pietà cominciò poi su' parlamento,
con lagrime bagnando il su' visaggio,

---

22 Questi versi di Guillaume saranno utilizzati in parte nell'altro intermezzo doloroso dei son. XXXIII-XXXIV: *Nus n' a mal qui Amors n' essaie*, 2960 (*Non sa che mal si sia chi non assaggia / di quel d' amor*, XXXIII, 13-14).

ricorda quella del sonetto *Voi che portate la sembianza umìle*, dove il poeta chiede alle donne che tornano dal lutto di Beatrice:

> Vedeste voi nostra donna gentile
> bagnar nel viso suo di pianto Amore?

Qui, è vero, l'espressione è riferita non a ipostasi, ma al personaggio di Beatrice; ma Beatrice vi è vista appunto come figurazione della *Pietas*, come dichiara la chiave del sonetto (*E se venite da tanta pietade*), mentre le donne stesse appaiono trasformate in figure di Pietà (*che 'l vostro colore / par divenuto di pietà simìle*). In questo caso però sarà più facile pensare ad una anteriorità del *Fiore*, data la maggiore complicazione del tema nel sonetto, tanto più che la visione di Pietà piangente il poeta la trovava nel secondo *Roman de la Rose* (cfr. 15402: *Pitié, qui plourait lermes maintes*).

Un ultimo esempio: nel sonetto XIX, è descritta l'ambasciata di Bel Sembiante e di Dolze Riguardo, mandati da Bellaccoglienza all'amante su invito di Venere:

> Per Bel Sembiante e per Dolze Riguardo
> mi mandò la piacente ch' i' andasse
> nel su' giardin . . .

L'ambasciata non ha riscontro nel romanzo, dove Bel Acueil dispensa direttamente il bacio (3473-76), mentre trova una sorprendente corrispondenza nella ballata della *Vita Nuova* (*Ballata, i' voi*), di cui ci siamo già occupati a proposito del *Detto*, dove si immagina che per intercessione di Amore (come Venere nel *Fiore*), un *bel sembiante*, cioè un atteggiamento accogliente della donna [23] annunci l'avvenuta pacificazione:

> e s' ella per tuo prego li perdona,
> fa che li annunzi un bel sembiante pace.[24]
>
> (vv. 13-4)

---

[23] Per l'espressione *bel sembiante*, cfr. GIACOMINO PUGLIESE, *Lontano amore*, 14:

> Vista né riso d' altra non m' agenza,
> anzi mi tegno in forte penitenza
> i be' sembianti c' altra mi facìa.

Biaus Semblanz è anche nel *Roman de la Rose*, ma indica una delle freccie lanciate dal Dio d'Amore (949 e 1842), sostituita nel *Fiore* da Buona Speranza (I, 14).

[24] Segnalo ancora qualche altra coincidenza tra i sonetti iniziali del *Fiore* e le rime giovanili di Dante. Il verso: *e lui e 'l su' soccorso ancor attendo* (VI, 4), privo di

Se il *Detto* appartiene alla adolescenza cortese del poeta, l'esperienza comica del *Fiore* sembra quindi svolgersi parallelamente alla ricerca stilnovistica. Il fragile equilibrio tra sensualità ed eticità su cui si reggeva l'esperienza cortese sembra quindi scindersi nel progresso dell'opera dantesca e viene svolto in due opposte direzioni ideali e di stile. Se nel *Fiore* l'amore, spogliato delle sue sovrastrutture ideali pone come sua finalità la conquista del piacere sessuale, la *Vita Nuova* percorrerà il cammino inverso, che porta alla rinuncia ad ogni remunerazione estrinseca dell'amore. Il primo processo porta ad una demistificazione della donna (attuata già nella scomposizione analitica della sua anima), il secondo ad una sublimazione dell'oggetto d'amore, la cui intangibilità verrà suggellata dalla morte. Che in un'epoca presumibilmente assai vicina, se non contigua, alla lode di Beatrice, Dante potesse compiere un esperimento come quello del *Fiore* non dovrebbe essere troppo difficile accettare: al manifestarsi, sul versante comico della finzione, dell'apparenza, corrisponde su quello tragico il rivelarsi dell'essenza. Alla luce del *Fiore* il quadro della giovinezza poetica di Dante risulta certo più contrastato, più ricco di chiaroscuro di quanto non appaia dal profilo idealizzato di-

---

agganci nel *Roman de la Rose* (cfr. 2765-2778) potrebbe recare il ricordo di quello: *poi sol da voi lo suo soccorso attende* della canzone *La dispietata mente* (16); anche qui, come nel son. VII, la corrispondenza è avvalorata dal passaggio dal passato al presente lirico. I vv. 14-15 della stessa canzone:

Piacciavi, donna mia, non venir meno
a questo punto al cor che tanto v' ama,

sembrano riecheggiare nelle parole di Venere:

Tu falli troppo verso quell' amante,
disse Venusso, che cotanto t' ama.

(XVIII, 1-2)

La specificazione *cioè Amor* di *Fiore*, IX, 8-9:

a que' che ti farà gittar in vano,
ciò è Amor,

ricorda quella del primo sonetto della *Vita Nuova*:

salute in lor segnor, cioè Amore.

Mentre il *gran tremore* con cui il protagonista bacia il fiore (XX, 13), nota cavalcantiana che anticipa già il tremito di Paolo e Francesca (*la bocca mi baciò tutto tremante*), ricorda il *gran tremore* del sonetto *Ciò che m' incontra* (7-8):

e per ebrietà del gran tremore
le pietre par che gridin: Mora, mora,

dove anche il secondo verso, come ha visto il De Robertis, trova riscontro in uno del *Fiore*: *a suon di corno gridar: Guarda, guarda* (XXXII, 10).

segnato nella *Vita Nuova*, manifestando già quella complessità di registri che avrà il suo trionfo nella *Commedia*, ma senza che questo subisca radicali smentite.

Non possiamo qui addentrarci più oltre nei molti problemi critici aperti dal *Fiore*, primo fra tutti quello dei suoi rapporti con la *Commedia.* Ci sia tuttavia consentito, prima di chiudere, di accennare alla collocazione che l'opera troverà nel poema sacro, dove Dante rivive le sue esperienze passate di poesia in una dialettica di vitali superamenti. Essendo nel *Fiore* la simulazione messa al servizio della lussuria, il suo luogo non sarà tanto nel cerchio dei lussuriosi, anche se nel bacio dei due amanti di Rimini abbiamo potuto scorgere l'eco di quello del *Fiore* (cfr. p. 103 n. 24), quanto nei più profondi cerchi di Malebolge, guardati da Gerione, anch'esso, come Falsembiante, imagine di frode. In realtà questo guardiano infernale presenta una sorprendente affinità con Falsembiante, tanto che non è esagerato dire che tutto il sistema di simboli che fanno capo alla bestia sono prefigurati nel *Fiore.* I versi che ne descrivono l'ingannevole aspetto:

La faccia sua era faccia d' uom giusto,
tanto benigna avea di fuor la pelle,
e d' un serpente tutto l' altro fusto,

(*Inf.*, XVII, 10-12)

sembrano modellati, anche nel giro sintattico, su questi del *Fiore*:

Agnol pietoso par quand' uon l' ha visto,
di fora sì fa dolze portatura,
ma egli è dentro lupo per natura,

(CXXIII, 5-7)

mentre per il primo verso si possono citare altre caratteristiche di Falsembiante e Costretta-Astinenza:

La cera nostra par molto pietosa,
ma non è mal nessun che non pensiamo

(LXXX, 12-13)

La cera sua non parea molto fera,
anz' era umile e piana divenuta,

(CXXIX, 5-6; e cfr. anche LXXXIX, 1-4; CIV, 13)

e la *pelle* a rappresentare l'involucro ingannevole è in XCVII 1. Anche le immagini circolari, che simboleggiano in Gerione i raggiri della frode, i *nodi* e le *rotelle* che ne rivestono il corpo, le *rote larghe* (XVII, 98) del suo volo (cfr anche *rota e discende*, XVII 116; *lo scendere e 'l girar, ib.* 125), trovano rispondenza in analoghe espressioni del *Fiore*: i *giri* di CXIX, 8; l'azione avvolgente descritta dal verbo *avviluppare* (XCII, 2; XCIII, 4). Mentre poi il *dipinti* di *Inf.*, XVII, 15, ripreso nella definizione degli ipocriti come *una gente dipinta*, ricorda il *dipinghe* e il *tinghe* di *Fiore*, LXV, 4 e 8. Così il verbo usato da Virgilio per il mostrarsi di Gerione: *si scovra* (XVI, 123), che connota l'occultamento proprio della frode, trova rispondenza nel *discovrir* di *Fiore*, XCII, 7, usato anzi proprio nella frase *che voglia discovrir il mi' peccato* (e cfr. *coperto*, LXXXVIII, 11; *tutto si cuoprar e' d'altra coverta*, XC, 4). Mentre esiste un'evidente correlazione simbolica tra la *coda aguzza*, la *venenosa forca* di Gerione e il *rasoio tagliente* che Falsembiante tiene nascosto in seno nella sua andata da Malabocca (CXXX, 10), simboleggianti entrambi il fine occulto degli ipocriti. E ci spingeremmo fino a scorgere una corrispondenza tra lo sgomento con cui il pellegrino ultraterreno si accinge a cavalcare la fiera (*Inf.*, XVII, 85-88) e la riluttanza manifestata dal protagonista del *Fiore* prima di accingersi all'inganno (LXVIII-LXX).

A parte il canto degli ipocriti, i cui rapporti con Falsembiante, visibili fin nella scelta dell'abito monastico come simbolo della loro colpa, sono stati messi in luce dagli studiosi,[25] un'intima correlazione è da vedere tra le arti erotiche di Amico e della Vecchia e la prima bolgia, dove sono puniti insieme seduttori e ruffiani, frustati a sangue dai demòni. Già il movimento in senso contrario delle due schiere, per cui i seduttori si muovono nello stesso senso dei due pellegrini, mentre i ruffiani vengono in direzione opposta, sembra rispecchiare il rapporto speculare tra le due arti del *Fiore*. Ma poi Giasone, scelto qui ad illustrare il castigo dei seduttori, era già apparso nel discorso della Vecchia come esempio di seduttore (CLXI), mentre la definizione della sua colpa:

> Ivi con segni e con parole ornate
> Isifile ingannò, la giovinetta
> che prima avea tutte l'altre ingannate,
>
> (*Inf.*, XVIII, 91-93)

[25] Cfr. in particolare E. RAIMONDI, *I canti bolognesi dell'Inferno dantesco*, in *Dante e Bologna nei tempi di Dante*, Bologna, 1967, 242.

ricorda il gioco di *Fiore*, CLXXIX, 8-9:

> « La giomenta
> che tu ti sai, mi credette ingannare;
> ingannar mi credette, i' l' ho 'ngannata! »,[26]

riferentesi appunto alla strategia di inganno che regola nel poemetto il rapporto tra i sessi; e i *segni* e le *parole ornate* descrivono bene il duplice aspetto della seduzione negli insegnamenti di Amico. Anche il verso successivo, che descrive il tradimento di Isifile:

> Lasciolla quivi, gravida, soletta,
> (XVIII, 94)

ricorda l'abbandono di Medea nel *Fiore*:

> e poi sì la lasciò, quel disleale.
> (CLXI, 9)

Quanto poi ai ruffiani, già il Raimondi[27] ha visto nelle parole del demonio a Venedico:

> « Via,
> ruffian! qui non son femmine da conio »
> (XVIII, 65-66)

il possibile riflesso degli insegnamenti venali della Vecchia (cfr. ad es. CLXXIII, 13-4 e CLXXIX, 10-11), mentre la parola *salse* che designa il loro tormento (XVIII, 51) era già stata usata nel *Fiore* per rappresentare la sofferenza dell'amante (XXXIV, 14). E potremmo aggiungere l'uso del gallicismo *fazion*, in accezione fortemente simbolica per indicare l'apparenza ingannevole (*se le fazion che porti non son false*, XVIII, 49), come nel *Fiore* (*i' so mia fazzon sì ben cambiare / ched i' non fui unquanche conosciuto*, C, 6-7).

Legami assai stretti si hanno anche con la pena degli adulatori, puniti nella bolgia successiva, ma nei limiti dello stesso canto. Più che la ripresa del raro *scuffiare* (*Fiore*, CXCII, 14; *Inf.*, XVIII, 104), appare significativo il ripercuotersi della serie di rime *lusinghe*: *dipinghe*: *infinghe*: *tinghe* (LXV, 1-8), del passo, già citato, in cui Amico suggerisce all'amante il ricorso alla adulazione per penetrare

---

26 Cfr. G. CONTINI, *La questione del Fiore*, cit., 772.

27 *I canti bolognesi dell'Inferno dantesco*, cit., 238, n. 16, e 234.

nel cuore della donna, in quella *lusinghe*: *pinghe*: *attinghe* (*Inf.*, XVIII, 125-9). Mentre la frase di Alessio Interminelli:

« Qua giù m' hanno sommerso le lusinghe
ond' io non ebbi mai la lingua stucca »,

(*ib.*, 125-6)

volge a definizione penale il consiglio di Amico:

sì convien che la lingua tua sia presta
a le' lodar suo' occhi e bocca e testa.

(*Fiore*, LVII, 4-5) [28]

Del resto è Dante stesso a stabilire la correlazione col *Fiore*, quando, nel porgere a Virgilio la corda cinta intorno ai suoi fianchi per attrarre a riva Gerione, ci dice di avere alcuna volta tentato di catturare con essa la lonza (lussuria):

Io avea una corda intorno cinta,
e con essa pensai alcuna volta
prender la lonza a la pelle dipinta.

(*Inf.*, XVI, 106-8)

I commentatori antichi sono concordi nel vedervi raffigurata la frode (o l'ipocrisia), di cui il lussurioso si serve per venire a termine del suo desiderio.[29] L'allusione, rimasta finora oscura, ricava un significato

---

[28] Un altro insegnamento di Amico:

largo prometti a tutte de l' avere,
ma 'l pagamento il più che puo' lo tarda,

(LII, 7-8)

messo in pratica, sia pure con qualche attenuazione, dall'Amante (CXCVIII, 9-14), risuonerà in una più profonda regione infernale, nel consiglio frodolento di Guido da Montefeltro:

lunga promessa con l' attender corto
ti farà trïunfar ne l' alto seggio.

(*Inf.* XXVII, 110-11)

[29] Cfr. l'Ottimo: « In questa parte l'A. alcuna cosa tocca dell'ottavo circulo, dove li frodolenti si puniscono, parlando per figura, gittandovi una corda che l'A. aveva cinta, segno di frode, per la quale alcuno abito di inganno in lussuriosa operazione si considera, a dimostrare che ne' frodolenti vizii senza alcuno segno di froda non si puote entrare »; ma specialmente Pietro di Dante: « Allegorice vult in hoc A. dicere quod Virg. idest ratio ipsi auctori non poterat vitium fraudis, quod in persona huius Gerionis amodo ponitur, detergere et ostendere, de quo nunc est dicturus, nisi per inductionem et reminiscentiam alicuius particularis fraudis quam hactenus ipse A. exercuerit. Verum quia in venereis rebus fraudendo in hoc mulieres hic maxime A. ait vel egit, ideo fingit se ita fuisse modo de dicta cordula cinctum, cum qua fraude mediante pluries credidit capere lonçam de qua in I° Cap.°, accipiendo allegorice pro hac cordula, ut zona quadam, vitium carnis . . . Per quam fingit venisse Geryonem, idest per talem fraudem suam comprehendit vitium fraudis in generali, quod figuratur in dicto Geryone ». (Le citazioni sono tratte da *La Divina Commedia nella figurazione artistica e nel secolare commento*, a c. di G. Biagi, G. L. Passerini, E. Rostagno e U. Cosmo, Torino, Utet, 1924-39).

*

lineare, vedendovi allusa l'esperienza del *Fiore*, in cui il poeta si era fatto tessitore di trame erotiche. Attraverso la mediazione della sua guida, Virgilio-Ragione, il poeta ripete ora simbolicamente un gesto che aveva già compiuto nel *Fiore*, quando, per vincere il tradimento di Malabocca, era ricorso a sua volta alla frode.

Quanto all'esperienza cortese, a cui fa capo il *Detto*, sappiamo che il pellegrino ultraterreno la rivive in una fase anteriore del viaggio infernale, nell'episodio di Francesca, partecipando, con intensa commozione, al dramma dei due amanti. Già abbiamo visto come il celebre verso *Amor ch' a nullo amato amar perdona* riprende il dogma centrale della teologia cortese del *Detto*. Ma anche il grido trino di Francesca *Amor*... *Amor*... *Amor*... sembra riecheggiare la veemente anafora del poemetto: *sanz' Amor*... *sanz' Amor*... *sanz' Amor*... (148-153), non senza atroce ironia, se si pensa che nel terzo membro di questa si comminavano le pene dell'inferno a chi vivesse privo di Amore (cfr. p. 19). Un'altra eco potrebbe esservi nel gioco di parole dei vv. 100-101:

> Amor, ch' al cor gentil ratto s' *apprende*,
> *prese* costui della bella persona
> che mi fu tolta,

che richiama simili giochi del *Detto*, come:

> E chi di lui [Amore] è *preso*
> sì vuol ch' e' sia *appreso*...,
>
> (vv. 391-3)

dove però *appreso* vale « addottrinato », « istruito », mentre *apprendersi* nello stesso senso che ha in Francesca di « appigliarsi » è al verso 117, riferito, per antitesi rispetto al suo uso amoroso, a Ragione: *ed a me non t' apprendi* (per *prendere di* nel senso di « innamorare », cfr. 203-4: *ed èmmene sì preso / ched i' vi son sì preso*...).

Ma l'esperienza cortese è ambivalente: con essa Dante si incontrerà di nuovo al termine del viaggio purgatoriale, nell'ultimo girone del sacro monte, dove la fiamma balestrata dalla riva lascia appena un angusto passaggio al pellegrino ultraterreno. Lì, nel fuoco che li affina, purgano le scorie mondane del loro amore il trovatore Arnaldo e Guido Guinizzelli, salutato dal poeta come « padre suo ». Di là dal muro di fuoco Dante incontrerà Beatrice.

APPENDICE

DETTO D'AMORE

Amor sì vuole e parli
ch' i' 'n ogni guisa parli
e ched i' faccia un detto,
che sia per tutto detto
ch' i' l'aggia ben servito.
Po' ch'e' m'ebbe inservito
e ch' i' gli feci omaggio,
i' l' ho tenuto maggio
e terrò già ma' sempre;
e questo, fin assempr' è
a ciascun amoroso,
sin c'Amor amoroso
no gli sia nella fine,
anzi, ch' e' metta a fine
ciò ch' e' disira avere,
che val me' c'altro avere.
Ed egli è sì cortese
che chi gli sta cortese
od a man giunte avante,
esso sì 'l mette avante
di ciò ched e' disira,
e di tutto il disir ha.
Amor non vuol logaggio,
ma e' vuol ben lo gaggio
che 'l tu' cuor si' a lu' fermo.
Allor dice: « I' t'affermo
di ciò che tu domandi,
sanza che tu do*n* mandi »;
e donati in presente,
sanz'esservi presente,
di fino argento o d'oro.
Per ch' i' a lui m'adoro
come leal amante.
A lu' fo graze, amante

quella che d'ogne bene
è sì guernita bene
che 'n le' non truov'uon pare.
E quand'ella m'appare
sì grande gioia mi dona,
che lo me' cor s'adona
a le' sempre servire;
e di le' vo' serv' ire,
tant' ha in le' piacimento.
Non so se piacimento
le fia ched i' la serva:
almen può dir che serv' ha,
come ch' i' poco vaglia.
Amor nessun non vaglia,
ma ciascun vuole ed ama,
chi di lui ben s' inama,
e di colu' fa forza
che con piacer fa forza.
E' non ha, in nulla, parte
Amor, in nulla part' è
ch' e' non sia tutto presto
a fine amante presto.
Così sue cose livera
a chi l'amor non livera
e mette pene e 'ntenza
in far sua penetenza,
tal chente Amor comanda
a chi a lu' s'accomanda,
e chi la porta in grado
il mette in alto grado
di ciò ched e' disìa:
Per me cotal dì sia!
Per ch' i' già non dispero,
ma ciaschedun dì spero
merzé,, po' 'n su' travaglio
i' son sanza travaglio,
e sonvi sì legato
ch' i' non vo' che Legato
già mai me ne prosciolga:
se n' ha d' altri pro', sciolga,
ch' i' vo' ch'Amor m'alleghi,
che che Ragion m'alleghi:
di lei il me' cor sicur ha,

né più di lei non cura;
ella si fa diessa:
né fu' né fia di essa!
Amor blasma e disfama
e dice ch' e' diffama,
ma non del mi', certano;
perch' i', per le', certan ho
che ciaschedun s'abatte:
me' ched Amor sa, batte.
Ed a me dice: « Folle,
perchè così t'affolle
d'aver tal signoria?
I' dico, signo ri' ha
chi porta su' suggello.
I' per me non suggello
della sua 'mprenta breve,
ch' è troppo corta e breve
la gioia e la noia lunga.
Or taglia geti e lunga
da lui, ch'egli è di parte
che, chi da lu' si parte,
e' fugge e sì va via.
Or non tener sua via
sc vuo' da lu' campare;
e se non, mal camp' are,
che biado non vi grana,
anzi perde la grana
chiunque la vi getta.
Per Dio, or te ne getta
di quel falso dilctto,
e fa che si' a diletto
del mi', ched egli è fine,
che dà gioia sanza fine.
Lo dio dov' hai credenza
non ti farà credenza
se non come Fortuna.
Tu se' in gran fortuna
se non prendi buon porto
per quel ched i' t' ho porto,
ed a me non t'apprendi
e 'l mi' sermone apprendi.
Or mi rispondi e dì,
ch'egli è ancor gran dì
a farmi tua risposta;

ma non mi far ri' 'sposta
a ciò ch' i' ho proposato.
Di' tu, se pro' posat' ho ».
E, quand' i' ebbi intesa
Ragion, ch' è stata intesa
a trarmi de la regola
d'Amor, che 'l mondo regola,
i' le dissi: « Ragione,
i' ho salda ragione
con Amor, e d'accordo
siam ben del nostro accordo,
ed è scritto a mi' conto
ch' i' non sia più tu' conto.
È la ragion dannata;
perch' i' t' ho per dannata
ed ebbi, per convento,
po' ch' i' fu' del convento
d'Amor cu' Dio mantenga:
e' sempre me man tenga.
Tu mi vuo' trar d'amare
e di' c'Amor amar è:
i' 'l truova' dolce e fine,
e su' comincio e fine
mi piacque e piacerà,
ché 'n sé gran piacer ha.
Or come vivere' 'o?
sanz'Amor vive reo
chi si governa al mondo;
sanz'Amor egli è mondo
d'ogne buona vertute
né non può far vertute;
sanz'Amor sì è 'nvia,
che, con cu' regna, en*v*ia
d'andarne dritto al luogo
là dove Envia ha *l*luogo.
E per ciò non ti credo,
se tu diciess' il Credo
e 'l Paternostro e l'Ave,
sì poco in te senn' ave.
Addio, ched i' mi torno,
e fine amante torno
per devisar partita
com' ell' è ben partita

e di cors e di membra,
sì come a me mi membra ».
  Cape' d'oro battuto
paion, che m' han battuto,
quelli che porta in capo,
per ch' i' a lor fo capo.
La sua piacente cera
non è sembiante a cera,
anz' è sì fresca e bella
che lo me' cor s'abbella
di non le mai affare,
tant' ha piacente affare.
La sua fronte e le ciglia
bieltà d'ogne altre *s*ciglia.
Tanto son ben voltati
che' mie' pensier voltati
hanno ver lei, che gioia
mi dà più c'altra gioia.
In su' dolze riguardo
di niun mal ha riguardo
cu' ella guarda in viso,
tant' ha piacente avviso;
ed ha sì chiara luce
ch'al sol to' la sua luce
e lo scura e l'aluna,
sì come il sol la luna.
Perch' i' a quella spera
ho messa la mia spera,
e sì ben co llei regno,
i' non vogli' altro regno.
La bocca e 'l naso e 'l mento
ha più belli, e non mento,
ch'unque non ebbe Alena;
ed ha più dolce alena
che nessuna pantera.
Per ch' i' ver sua pantera
i' mi sono 'n fed' ito,
e dentro v' ho fedito;
ed èmmene sì preso
ched i' vi son sì preso
che mai, di mia partita,
non mi farò partita.
La gola sua e 'l petto

sì chiar' è, ch'a Dio a petto
mi par esser la dia
ch' i' veggio quella Dia.
Tant' è bianca e lattata,
che ma' non fu allattata
nulla di tal valuta.
A me tropp' è valuta,
ched ella sì m' ha dritto
in saper tutto 'l dritto
c'Amor usa in sua corte,
che non v' ha legge corte.
Mani ha lunghette e braccia,
e chi co llei s'abbraccia
già mai mal non ha gotta
né di ren né di gotta:
il su' nobile stato
sì mette in buono stato
chiunque la rimira.
Per che 'l me' cor sì mira
in lei e notte e giorno,
e sempre a lei aggiorno,
ch'Amor sì l' ha inchesto,
ned e' non ho inchesto
se potesse aver termine,
ch'amar vorria san termine.
E quando va per via,
ciascun di lei ha 'nvia
per l'andatura gente;
e quando parla a gente
sì umilmente parla
che boce d'agnol par là.
Il su' danzar e 'l canto
val vie più ad incanto
che di nulla serena,
ché l'aria fa serena:
quando la boce lieva,
ogne nuvol si lieva
e l'aria riman chiara.
Per che 'l me' cor sì chiar' ha
di non far già mai cambio
di lei a nessun cambio;
ch'ell' è di sì gran pregio
ch' i' non troveria pregio
nessun, che mai la vaglia.

Amor, se Dio mi vaglia,
il terrebbe a follore,
e ben seria foll'ore
quand' io il pensasse punto.
Ma Amor l' ha sì a punto
nella mia mente pinta,
ch' i' la mi veggio pinta
nel cor, s' i' dormo o veglio.
Unque Assessino al Veglio
non fu già mai sì presto,
né a Dio mai il Presto,
com' io a servir amante,
per le vertù ch' ha mante.
E s' io in lei pietanza
truov' o d'una pietanza
del su' amor son contento,
i' sarò più contento,
per la sua gran valenza,
che s' io avesse Valenza.
Se Gelosia ha 'n sé gina
di tormene segina,
lo Dio d'amor mi mente;
chéd i' ho ben a mente
ciò, ched e' m'ebbe in grado
sed i' 'l servisse a grado.
Ben ci ha egli un cammino
più corto; né 'l cammino,
per ciò ch' i' non ho entrata
ched i' per quell' entrata
potesse entrar un passo.
Ricchezza guarda il passo,
che non fa buona cara
a que' che no ll' ha cara.
E sì fu' i' sì saggio
ched i' ne feci saggio,
s' i' potesse oltre gire.
« Per neente t'aggire »
mi disse, e con mal viso:
« tu se' da me diviso,
per ciò il passo ti vieto;
non perché tu sie vieto,
ma tu non m'accontasti
unque, ma mi contasti:

e ïo ciascun schifo
che di me si fa schifo.
Va' tua via e sì procaccia,
ch' i' so ben, chi pro' caccia,
convien che bestia prenda.
Se fai che Veno imprenda
la guerr'a Gelosia,
come che 'n gelo sia,
convien ch'ella si renda,
e ched ella ti renda
del servir guiderdone,
sanza che guiderdone.
Ma tuttor ti ricorde,
se me' meco t'accorde,
oro e argento apporta:
i' t'aprirò la porta,
sanza che tu facci' oste.
E sì avrai ad oste
Folle-Larghezza mala,
che scioglierà la mala
e farà gran dispensa
in sale ed in dispensa
e 'n guardarobe e 'n cella.
Povertà è su' ancella:
quella convien t'appanni
e che ti tragga panni
e le tue buone calze,
che già mai no lle calze,
e la camiscia e brache,
se tu co lle' t' imbrache.
Figlia fu a Cuor-Fallito:
per Dio, guarda 'n fall' ito
non sia ciò ch' i' t' ho detto!
E sie con meco addetto
e mostra ben voglienza
d'aver mia benvoglienza;
ché Povertat' è insomma
d' ogne dolor la somma.
Ancor non t' ho nomato
un su' figliuol nomato:
Imbolar uon l'appella:
chi da lu' non s'appella,
egli 'l mena a le forche,

là dove non ha for che
e' monti per la scala,
dov'ogne ben gli scala,
e danza a suon di vento,
sanz' aver mai avento.
Or sì t' ho letto il salmo:
ben credo a mente sa' 'l mo',
sì 'l t' ho mostrato ad agio.
Se mai vien' per mi' agio,
pensa d'esser maestro
di ciò ch' i' t'ammaestro;
che Povertà tua serva
non sia, né mai ti serva,
ché 'l su' servigio è malo,
e ben può dicer « mal ho »
cu' ella spoglia o scalza;
ché d'ogne ben lo scalza,
e mettelo in tal punto
ch' a vederlo par punto.
E gli amici e' parenti
no gli son apparenti:
ciascun le ren gli torna
e ciascun se ne torna.
. . . .
. . . .
Perch'Amor m'aggia matto,
o che mi tenga a matto
Ragion, cui poco amo,
già, se Dio piace, ad amo
ch'ell'aggia non m' ha crocco.
Amor m' ha cinto il crocco,
con che vuol ched i' tenda
s' i' vo' gir co llui 'n tenda.
E dice, s' i' balestro
se non col su' balestro,
o s' i' credo a Ragione
di nulla sua ragione
ch'ella mi dica o punga,
o sed i' metto in punga
ricchezza per guardare,
o s' i' miro in guardare,
a lui se non, ciò c' ho,
di lui non faccia co;
ma mi getta di taglia,

e dice che 'n sua taglia
i' non prenda ma' soldo,
per livra né per soldo
ched i' già ma' gli doni.
Amor vuol questi doni:
corpo e avere e anima,
e con colui s' inanima,
chi gliel' dà certamente
(e chi altro accerta, mente),
e sol lui per tesoro
vuol ch'uon metta 'n tesoro.
E chi di lui è preso,
sì vuol ch' e' sia appreso
d'ogne bell'ordinanza
che 'l su' bellor dinanza.
Chi 'l cheta come dee,
sì acchita ciò ch' e' dee.
D'orgoglio vuol sie voto,
ched egli ha fatto voto
di non amarti guar' dì
se d'orgoglio nol guardi;
ché fortemente pecca
que' che d'orgoglio ha pecca.
Cortese e franco e pro'
convien che sie, e pro'
salute e doni e rendi:
se tu a ciò ti rendi,
d'Amor sarai in grazia,
e sì ti farà grazia.
E se se' forte e visto,
a caval sie avvisto
di punger gentemente,
sì che la gente mente
ti pongan per diletto.
Non ti truovi di letto
mattino a qualche canto.
Se tu sai alcun canto,
non ti pesi il cantare
quanto pesa un cantare,
sì che n'oda la nota
quella che 'l tu' cor nota.
Se sai giucar di lancia
prendila e sì la lancia,

e corri e sali e salta,
che troppo gente assalta:
far cosa che lor seggia,
gli mette in alta seggia.
Belle robe a podere,
secondo il tu' podere,
vesti, fresche e novelle,
sì che n'oda novelle
l'amor, cu' tu ha' caro
più che 'l Soldano il Caro.
E s'elle son di lana,
sì non ti paia l'ana
a devisar l' intagli,
se tu ha' chi gli 'ntagli.
Nove scarpette e calze
convien che tuttor calze;
della persona conto
ti tieni; e nul mal conto
di tua bocca non l'oda,
ma ciascun pregia e loda.
Servi donne ed onora,
ché via troppo d'onor ha
chi vi mette sua 'ntenta.
S'alcuno il diavol tenta
di lor parlare a taccia,
sì lor dì ch' e' si taccia.
Sie largo; e, d'altra parte,
non far del tu' cuor parte:
tutto 'n quel luogo il metti
là dove tu l'ammetti;
ch'egli è d'Amor partito
chi 'l su' cuor ha partito,
ché non tien leal fino
chi va come l'alfino;
ma sol con que' s'accorda
che 'l su' cammin va' *c*corda.
Mi' detto ancor non fino,
ché d'un amico fino
chieder convien ti membri,
che metta cuor e membri
per te, se ti bisogna,
e 'n ogne tua bisogna
ti sia fedele e giusto.
Ma, fé che do a San Giusto!

seminati son chiari
i buon' amici chiari.
Ma, se 'l truovi perfetto,
più ricco che 'l Perfetto
sarai di sua compagna;
e s' ha bella compagna
la tua fia più sicura,
ché Veno non si cura
che non faccia far tratto,
di che l'amor è tratto.
Di lor più il fatto isveglia,
né ma' per suon di sveglia
né per servir che faccia
nol guarda dritto in faccia.

NOTA AL TESTO

Il testo qui riprodotto si basa sull'edizione, ancora fondamentale, del Parodi (*Il Fiore e il Detto d'Amore*, Firenze, 1922), con alcuni interventi di cui do ragione nelle note che seguono. In genere mi sono tenuto il più possibile aderente al codice, accettando le correzioni del Parodi o degli altri editori solo quando appaiano necessarie al senso. Anche per la divisione in paragrafi mi sono attenuto al manoscritto, che presenta due iniziali colorate ai vv. 125 e 167.

v. 30: Parodi non mette la virgola dopo *presente*; ma l'oro e l'argento indicheranno qui i doni elargiti da Amore all'amante (cfr. pp. 7-8).

v. 52: Parodi, aggiungendo una *'n* al codice, legge *che 'n compiacer fa forza*, e interpreta « tiene in gran conto chi si sforza di compiacergli ». Credo invece che a *far forza* sia da dare il senso che esso ha solitamente, di « obbligare », « vincere le resistenze » (per il quale cfr. anche il celebre verso del Petrarca: *e faccia forza al cielo, / asciugandosi gli occhi col bel velo*). Il verso presenta allora una sottile antitesi tra l'idea di forza, di coercizione ad amare (che è l'elemento centrale della teoria amorosa del *Detto*) e il piacere attraverso cui essa si esercita. A sostegno di questa lezione ho segnalato il riscontro col sonetto giovanile *Saver e cortesia* (cfr. p. 20).

vv. 74-5: Parodi: *se n' ha altri pro', sciolga! / Ch' i' vo'*... Ristabiliscono la lezione del codice *d' altri*, da intendere naturalmente come soggetto (francese antico *d' autres*); così in *Fiore*, CXIII, 7 sarà da leggere *e d' altri v' ha che l' hanno* (Parodi: *ed altri*). Quanto alla punteggiatura è necessario stabilire una continuità sintattica col verso seguente, per l'opposizione *d' altri / io*.

v. 96: Parodi: *Or taglia' geti, e lunga*, intendendo *lunga* come francesismo per « allontanati ». Interpretazione per sé possibile, anche se nelle altre opere Dante usa di solito la forma *allungare* (due esempi di *lungiare* sono nel *Fiore*). Ma *lunga* è termine della falconeria indicante la strisciuola di cuoio che si legava ai geti degli uccelli di rapina, e l'associazione dei geti con la lunga è abituale in testi di questo argomento (cfr. Folgore, son. *Di settembre*, 3: *lunghe, gherbegli, geti con carnieri*). L'aggiunta della *lunga* a rafforzamento della tradizionale metafora dei *geti* (cfr. son. anonimo *Tapina ahimè*, 13: *or se' salito sì come lo mare, / ed ha' rotti li geti e se' fug-*

*

gito; e anche *Roman de la Rose*, 8082: *Tant sont poissant d' amours li giez* e 3276: *S' Amors le tient pris en ses giez*) si addice al linguaggio riccamente figurato di Ragione, in cui la metafora tende di solito a prolungarsi (cfr. l'immagine del suggello ai vv. 90-95, quella del campo sterile ai vv. 102-105). D'altra parte *tagliare da* nel senso di « recidere » è comune proprio in testi di ispirazione religiosa (cfr. l'esempio della *Imitazione di Cristo* citato dal Tommaseo: *Quanta gran pace possederebbe chi tagliasse da sè ogni vana sollecitudine!*). Credo quindi che sia da accogliere questa seconda lezione, intendendo « recidi qualsiasi pastoia che ti lega ad Amore », cioè « riacquista tutta la tua libertà ». Anche altrove il *Detto* fa uso di una terminologia venatoria molto specifica (cfr. la *pantera* « grande rete per pigliar uccelli » al v. 200).

v. 140: Parodi: *e sempr' e' me mantenga*, con debole differenza di senso rispetto al *mantenga* del verso precedente. La nostra lezione si fonda sul riscontro di *Fiore*, XVI, dove *le tue man tenghi* rima con *la mantenghi.* D'altra parte l'espressione *tenere mano di* (*a*) *qualcuno* per « accompagnarsi a lui » ricorre in *Fiore*, CXVII, 8: *colui che man terrà di povertate. Me* con valore di dativo non dovrebbe fare difficoltà, trattandosi di un tratto comune nella lingua di Guittone (esso ricorre tra l'altro ai vv. 51 e 54 della citata canzone *Tuttor, s' eo veglio o dormo*), sicché non sembra necessario correggere in *a me* o *mi'* (man). È possibile anche leggere *e sempr' e' me man tenga.*

v. 153: Parodi: *sanz' Amor sì è nuia*, intendendo *nuia* come « noia » (francese antico *ennuie*). La lezione *'nvia*, qui come nel luogo corrispondente del *Fiore* (XXXVIII, 11), si impone in forza dell'equivocazione; essa è stata proposta dal MAZZONI (*Raccolta di studi critici dedicati ad A. D'Ancona*, Firenze, 1901, 690, n. 1) ed avallata dal BENEDETTO (*Di alcuni rapporti tra il « Detto d'Amore » ed il « Fiore »*, in « Giornale storico della letteratura italiana », LXXX, 1923, 79).

v. 254: La lezione *foll'ore*, proposta dal DI BENEDETTO (*Poemetti allegorico-didattici del secolo XIII*, Bari, 1941) mi sembra preferibile a quella del Parodi: *foll'o re'*.

v. 275: Parodi, correggendo *ebe* del codice, legge: *ciò ched e' m' ebbi in grado*, cioè « in grazia ». Andrà invece mantenuta la lezione del codice, intendendo, col DEBENEDETTI (« Studi danteschi », VIII, 1924, 147), « perché io ricordo bene questo, che egli (Amore) mi accettò di buon grado (come vassallo), purché io lo servissi a suo gradimento ». Sono infatti ricordate le parole con cui nel *Roman de la Rose* Amore dichiarava di gradire l'omaggio dell'Amante: *Ton servise prendrai en gré* (2025). L'uso di *ciò* con valore prolettico è molto frequente nella *Vita Nuova* (cfr. son. *A ciascun' alma presa*, 3: *in ciò, che mi rescrivan lor parvente*; e cfr. XII, 5; XXV, 1; XXXIX, 6).

v. 441: La correzione del Parodi: *s' oda* (il cod. ha *loda*) contraddice alla legge dell'equivocazione, che nel *Detto* è sempre perfetta per tutti i bisillabi in rima (cfr. p. 31). Essa non pare d'altra parte necessaria: il soggetto sarà la donna, citata poco sopra proprio come soggetto di *oda* (*sì che n' oda novelle / l' amor* . . ., 430-1). Meno probabile mi pare la lezione *non loda*, cioè « non approvare, non dare il tuo consenso ».

v. 448: Non credo necessaria la correzione del Parodi (*gli* per *lor* del cod.), dato che simili riprese di un singolare indefinito con un plurale sono frequenti nei testi antichi.

NOTA BIBLIOGRAFICA

Do qui un elenco delle edizioni utilizzate per le citazioni:

DANTE ALIGHIERI, *La Vita Nuova*, ed. critica a c. di M. Barbi, Firenze, 1932.

– *Rime*, a c. di G. Contini, Torino, 1946[2].

– *Il Convivio*, a c. di G. Busnelli e G. Vandelli, Firenze, 1934-1937.

– *De vulgari eloquentia*, a c. di P. V. Mengaldo, Parte I: Introduzione e testo, Padova, 1968.

– *La Divina Commedia*, secondo l'antica vulgata, a c. di G. Petrocchi, Milano, 1965-1968.

Le antiche rime volgari secondo l'edizione del cod. Vat. 3793, a c. di A. D'Ancona e D. Comparetti, Bologna, 1875-1888.

GIOVANNI BOCCACCIO, *Decameron*, a c. di V. Branca, Firenze, 1962[2].

BRUNETTO LATINI, *Rettorica*, a c. di F. Maggini, Firenze, 1915; nuova edizione riveduta, con prefazione di C. Segre, Firenze, 1968.

ANDREA CAPELLANO, *Trattato d'amore*, testo latino con due traduzioni toscane inedite del sec. XIV, a c. di S. Battaglia, Roma, 1947.

CHIARO DAVANZATI, *Rime*, a c. di A. Menichetti, Bologna, 1965.

DANTE DA MAIANO, *Rime*, a c. di R. Bettarini, Firenze, 1969.

Il Fiore e il Detto d'Amore, a c. di E. G. Parodi, Firenze, 1922.

GOFFREDO DI VINOSALVO, *Poetria Nova*, in E. FARAL, *Les arts poétiques du XIIe et du XIIIe siècle*, Paris, 1924.

GUILLAUME DE LORRIS-JEAN DE MEUN, *Le Roman de la Rose*, a c. di E. Langlois, Paris, 1914-1925.

GUITTONE D'AREZZO, *Le Rime*, a c. di F. Egidi, Bari, 1940.

Il Mare Amoroso, a c. di E. Vuolo, Roma, 1962.

Poeti del Duecento, a c. di G. Contini, Milano-Napoli, 1960; i testi poetici del Duecento si citano di preferenza da questa edizione; da essa si citano in particolare il *Tesoretto* e il *Favolello* di Brunetto, le canzoni *Tuttor, s' eo veglio o dormo, Ahi Deo, che dolorosa, O tu, de nome Amor* di Guittone, le *Rime* del Guinizzelli e del Cavalcanti.

Rimatori comico-realistici del Due e Trecento, a c. di M. Vitale, Torino, 1956.

Rimatori siculo-toscani del Dugento. Serie Prima: Pistoiesi-Lucchesi-Pisani, a c. di A. Parducci e G. Zaccagnini, Bari, 1915.

Le Rime della Scuola siciliana, a c. di B. Panvini, Firenze, 1962.

INDICE

Finito di stampare nel mese di marzo 1974
con i tipi della Tiferno Grafica
di Città di Castello